培养孩子高财商的100个细节

郭志刚 ◎ 编著

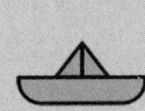
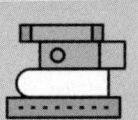

北京工业大学出版社

图书在版编目（CIP）数据

培养孩子高财商的 100 个细节 / 郭志刚编著．—北京：北京工业大学出版社，2012.6（2022.3 重印）
ISBN 978-7-5639-3126-2

Ⅰ．①培… Ⅱ．①郭… Ⅲ．①家庭经济学－儿童教育－家庭教育 Ⅳ．① G78

中国版本图书馆 CIP 数据核字（2012）第 096632 号

培养孩子高财商的 100 个细节

编　　著：	郭志刚
责任编辑：	韩丽萍
封面设计：	胡椒书衣
出版发行：	北京工业大学出版社
	（北京市朝阳区平乐园 100 号　邮编：100124）
	010-67391722（传真）　bgdcbs@sina.com
经销单位：	全国各地新华书店
承印单位：	唐山市铭诚印刷有限公司
开　　本：	710 毫米 ×1000 毫米　1/16
印　　张：	14
字　　数：	253 千字
版　　次：	2012 年 6 月第 1 版
印　　次：	2022 年 3 月第 2 次印刷
标准书号：	ISBN 978-7-5639-3126-2
定　　价：	39.80 元

版权所有　翻印必究

（如发现印装质量问题，请寄本社发行部调换 010-67391106）

前　言

中国家庭财富的传承，似乎容易沿袭这样一个轨迹：一代创业，二代守成，三代败光。这就是人们常说的"富不过三代"，它像是"富人的诅咒"一样，让不少人听之色变。可是，为什么会有这样的"诅咒"呢？原因在于许多家庭都忽略对孩子进行良好的财商教育，致使孩子缺乏正确管理财富的能力。

某报纸曾经报道了一个引起社会热议的新闻：有个男孩的家庭经济条件本来很不错，但其父母的教育方式有问题，经常引起男孩的强烈不满。后来，男孩为了和父母对抗，竟在每次买东西时故意将50元当成10元来花，别人提醒他或给他找钱，他全然不在意，拿了东西便离开。

男孩这样做固然不对，若一直挥霍下去，即使家里再富有，也可能难逃"富不过三代"的命运。但作为男孩的父母，如果从小注重对孩子进行正确的财商教育，培养其管理财富的能力，或许孩子也不会养成挥霍、浪费的坏习惯。

在中国的许多家庭中，父母往往是孩子的"提款机"，他们给孩子"饭来张口、衣来伸手"的生活，几乎不与其谈论和金钱有关的任何事，他们更多地关注孩子的健康和学习，甚至将学习成绩的好坏视作衡量孩子优秀与否的最重要标准。可这样做的结果往往是孩子空有智商而无财商，对金钱的认识缺乏理性，在未来的财富道路上也屡屡遭遇挫折。

曾有记者采访过一些学生，问及"股票是什么"时，有人竟回答说股票就像吸毒一样十分危险。可见，许多家庭对孩子的财商教育还是一片空白。

相比之下，国外许多家庭对孩子的财商教育则颇为重视，也取得了很好成效。习惯花未来钱的美国人，早早就让孩子懂得自立、勤奋与金钱的关系。他们对孩子的要求是：3岁能辨认硬币和纸币，6岁有"自己的钱的意识"。他们称这样的理财教育为"从3岁开始实现的幸福人生计划"。

在日本，父母给孩子买玩具时都会告诉他，玩具只能买一个，想要另一个的话要等到下个月。日本人还主张让孩子尽早自力更生，让他们通过自己的劳动赚钱。所以，许多日本父母都会鼓励孩子利用课余时间外出打工，他们深信，除了阳光和空气是大自然赐予的，其他的一切都要通过劳动获得。

财商是有智慧、有行动的财富创造和管理能力，是改变一个人财富命运的关键性因素，"上算智生钱，中算钱赢钱，下算力换钱"，这句俗语就很好地说明了财商的重要性。所以，每一位父母都应善用自己的影响力，对孩子的理财观念、消费行为等进行正面地、积极地引导。

本书精心选取生活中常见的家教案例或名人教子故事，从不同角度对其进行分析、探讨，总结出其中许多优秀的财商教育经验及失败的教训，以期为家长提供一些有针对性的教育方法。

编　者

目 录

第一章 开发孩子的财商和智商同样重要 ·················· 1

细节 1： 财商，孩子人生不可缺少的"Q" ·················· 3
细节 2： 父母榜样的力量无穷尽 ·················· 5
细节 3： 智商很重要，财商"价"更高 ·················· 7
细节 4： 了解孩子的理财类型，对症下药 ·················· 8
细节 5： 让孩子挣钱重在"学习" ·················· 10
细节 6： 3~6 岁，帮孩子树立理财观念 ·················· 12
细节 7： 6~12 岁，教孩子自主理财 ·················· 14

第二章 父母应避免的 10 个财商家教误区 ·················· 17

细节 8： 莫将孩子惯成"啃老"族 ·················· 19
细节 9： 理财教育预防孩子成为"卡奴" ·················· 20
细节 10： 女孩也要进行财商教育 ·················· 22
细节 11： 家长也要提升自身的理财意识 ·················· 24
细节 12： 普通家庭也要警惕"富不过三代"现象 ·················· 26
细节 13： 不能随便给孩子零花钱 ·················· 28
细节 14： 家长应谨慎对待孩子的物质要求 ·················· 30
细节 15： 家长不宜禁止孩子接触金钱 ·················· 31
细节 16： 理财不等于吝啬 ·················· 33

| 细节 17： | 家长应了解孩子的消费误区 | 35 |

第三章　财商培养，从教孩子认识钱币和储蓄起步　37

细节 18：	在游戏中让孩子认识钱币	39
细节 19：	教孩子正确识别假币	41
细节 20：	让孩子从外币中学到货币知识	43
细节 21：	让孩子明白钱是从哪来的	44
细节 22：	给孩子一个储钱罐	46
细节 23：	让孩子知道什么是银行	48
细节 24：	给孩子开一个银行账户	50
细节 25：	让孩子了解利息的概念	52
细节 26：	让孩子明白复利的威力和原子弹一样大	54
细节 27：	让孩子明白为什么有时候存钱还会赔钱	56
细节 28：	教孩子用别人的钱办自己的事儿	57

第四章　在购物中教会孩子理财的 11 种方法　61

细节 29：	父母给孩子零花钱的讲究	63
细节 30：	教孩子合理支配零用钱	65
细节 31：	孩子的压岁钱，家长不宜全部"没收"	66
细节 32：	让孩子在买东西中学会照顾自己	68
细节 33：	怎样教孩子认识商品的价格	70
细节 34：	教孩子学会买东西"砍价"	72
细节 35：	教孩子正确选购打折、特价商品	74
细节 36：	性价比选择	75
细节 37：	教孩子正确看待商品的包装和价格	77
细节 38：	教孩子正确认识广告	79
细节 39：	教孩子巧用优惠券省钱	80

第五章　提高孩子财商的 7 个家庭理财"小实习"　83

| 细节 40： | 教孩子学做家庭预算 | 85 |

细节 41： 教孩子从零花钱里留出紧急备用金 …………………………… 87
细节 42： 让孩子养成喜欢记账的好习惯 ……………………………… 89
细节 43： 教孩子学会水电气节约 …………………………………… 91
细节 44： 家庭如何节约——废物利用也省钱 …………………… 93
细节 45： 教孩子学会预防经济损失 ………………………………… 95
细节 46： 让孩子明白"健康是最大的财富" ……………………… 97

第六章 让孩子在劳动中体验财富的宝贵 …………………… 99
细节 47： 怎样培养孩子的商业意识 ………………………………… 101
细节 48： 教孩子从信息中发现商机 ………………………………… 102
细节 49： 适合孩子在家"挣钱"的几种方法 ……………………… 104
细节 50： 让孩子自己尝试当"老板" ……………………………… 106
细节 51： 让孩子走出家门"工作" ………………………………… 108
细节 52： 告诉孩子哪些钱不能碰 …………………………………… 110

第七章 培养孩子投资意识的 10 个细节 …………………………… 113
细节 53： 投资，让孩子了解"钱能生钱"的奥秘 ………………… 115
细节 54： 给孩子一点股票作为礼物 ………………………………… 117
细节 55： 成本意识让孩子做事能精打细算 ………………………… 119
细节 56： 基金投资，教孩子了解让别人帮自己赚钱 …………… 120
细节 57： 期货，让孩子明白投资理财的多样性 …………………… 123
细节 58： 国债，把钱借给国家的一种安全理财方式 …………… 124
细节 59： 让孩子知道金银珠宝也是投资品 ………………………… 126
细节 60： 教孩子明白挣钱要"规避风险" ………………………… 128
细节 61： 让孩子从保险中学会"转移风险"的理念 …………… 130
细节 62： 让孩子从集邮中学习投资 ………………………………… 132

第八章 培养孩子财商离不开的 9 个经济常识 …………………… 135
细节 63： 让孩子从 GDP 中了解到生活水平的变化 ……………… 137
细节 64： 让孩子关心自己零花钱的购买力 ………………………… 138

细节65： 用纳税培养孩子的公民意识 …………………………………… 140
细节66： 教孩子寻找物价上涨的原因 …………………………………… 141
细节67： 让孩子从"福利"中感受自己受到的照顾 …………………… 143
细节68： 让孩子从医保中认识到健康是福 ……………………………… 144
细节69： 让孩子了解什么是公司 ………………………………………… 146
细节70： 让孩子从玩网络游戏转为喜欢网络经济 ……………………… 147
细节71： 让孩子从公共资源中学会利人利己 …………………………… 149

第九章　让孩子了解生活中的经济学 ……………………………………… 151

细节72： 教孩子找准"看不见的手" …………………………………… 153
细节73： 比较优势，让孩子学会作更好的选择 ………………………… 154
细节74： 教孩子利用消费心理巧赚钱 …………………………………… 157
细节75： 让孩子善用"差别定价"为自己谋利 ………………………… 159
细节76： 别让示范效应成为孩子的"坏榜样" ………………………… 160
细节77： 提高"顾客满意度"，让孩子受益多多 ……………………… 162
细节78： 让孩子明白财富是从点滴中积累起来的 ……………………… 164
细节79： "快鱼法则"让孩子学会适应竞争 …………………………… 166
细节80： 让孩子明白什么是垄断 ………………………………………… 167
细节81： "对外贸易"，让孩子从容参与经济活动 …………………… 169
细节82： 莫让孩子陷入"等车"的困境 ………………………………… 171
细节83： 身体是本钱，教孩子做快乐的理性经济人 …………………… 173
细节84： 让"马太效应"带给孩子积极的启示 ………………………… 175

第十章　理财教育，别忘了向成功企业家取经 …………………………… 177

细节85： "巨富"刘永好：为女儿定下的家规 ………………………… 179
细节86： "钢铁大王"卡内基的理财教育 ……………………………… 180
细节87： 西门子家庭的"成功意识"教育 ……………………………… 182
细节88： 洛克菲勒家族的"零用钱备忘录" …………………………… 183
细节89： 摩根家族：能赚也会省 ………………………………………… 185

细节 90： 霍英东的"现身说法" ……………………………… 187
细节 91： 谢易初：千亿商业帝国创始人的教子心经……………… 188

第十一章 培养孩子高财商的 9 个性格细节 ……………… 191
细节 92： 诚信是孩子重要的无形资产……………………………… 193
细节 93： 勤劳才能真正致富………………………………………… 195
细节 94： 自信——让孩子坦然面对财富成败…………………… 197
细节 95： 培养孩子的"双赢"意识………………………………… 199
细节 96： 懂得变通，让孩子能发现财富新路子…………………… 201
细节 97： 教育孩子不过分看重金钱………………………………… 203
细节 98： 节俭，让孩子合理控制消费……………………………… 205
细节 99： 培养生活自理、经济独立的孩子………………………… 207
细节 100： 让孩子明白时间就是金钱……………………………… 209

第一章

开发孩子的财商和智商同样重要

现今社会中,虽然智商和情商对孩子的成长和发展都很重要,但影响人一生财富状况的最重要商数是"财商"。何为财商?它对孩子的人生有哪些具体的影响?培养孩子的财商,家长该从何时做起,从何处入手呢?对于这一系列问题,本章将细致作出分析和解释。

第一章　开发孩子的财商和智商同样重要

 **细节1：财商，孩子人生不可缺少的"Q"**

在一次儿童教育活动中，专家和前来参加活动的家长们讨论了"财商教育"的问题。

当时，有记者采访了一些家长，首先问他们"什么是财商"。

"财商？财商是赚钱的能力吧！我希望我的孩子有高财商，将来挣大钱。"一位家长回答道。

后来，记者发现，针对"财商教育"的问题，大多数家长都很踊跃地与专家互动，看起来的确很重视对孩子的财商教育，但并不是所有人都真正清楚什么是财商。记者采访了十几位家长，结果有近一半的人给出了和那位家长类似的答案。

不过，也有一些家长总结得很好，他们认为，财商代表着孩子管理财富的能力，在经历了股市和楼市的大波动、全球金融危机和通货膨胀等重大经济现象后，他们越来越重视对孩子理财能力的培养，希望孩子能学会对财富的保值之道。

的确，未来的世界不可预测，家长能给孩子最好的礼物就是让他学会自己管理财富，做到经济独立，正所谓"授人以鱼不如授人以渔"。而这个"渔"，就是日益引起家长们关注的"财商（FQ）"。

以前，人们常常将"智商（IQ）"挂在嘴边，在教育孩子的过程中总是不忘提高其智商水平，希望自己的孩子聪慧过人，将来能从众多竞争者中脱颖而出。但如今，"财商"也渐渐成为一个热词。

最早提出财商一词的人是美国著名作家、企业家罗伯特·T·清崎，他在《富爸爸穷爸爸》一书中说："金钱是一种思想，智商、情商、财商，一个都不能少。"他认为，财商包括两方面的能力，一是正确认识财富及财富倍增规律的能力，二是正确应用财富及财富倍增规律的能力。

可见，财商体现着一个人驾驭金钱的能力，它是赚钱能力、管钱能力和花钱能力的集合。一个人具备了高财商，他在今后的事业中就能游刃有余，成功的机会也会接踵相至，那么他对财富的渴望就有可能变成现实。而在拥有了财富之后，高财商的人也更能有效利用好手中的财富,能进行合理消费并让资产不断增值。

从财商的概念中,我们还可以发现,"财商"其实是由创造财富的"智慧"和"行动"两部分组成的,这两者缺一不可。否则,仅有智慧没有行动,人们只是在空想,不可能将智慧转化为财富;若没有智慧,仅有盲目的行动,创造财富的过程可能会困难重重。

通过上述文字,如果你还不能十分清楚地了解财商,那接下来我们就用一个十分简单的童话故事更形象地说明这个问题。

相信大多数人都知道《小白兔和小灰兔》的童话故事:一天,有只老山羊给了两只可爱的小兔子不同的礼物,小灰兔得到了白菜,小白兔得到了白菜种子,它们都高高兴兴地将礼物带回家。后来,小白兔通过辛勤耕种收获了许许多多大白菜,可小灰兔却坐吃山空,没几天就吃完了老山羊送给他的所有白菜,之后它只能继续饿着肚子继续想办法寻找食物。

其实,老山羊给小白兔白菜种子,这就是在培养它的"财商"。财商不可能让人立刻拥有大笔资财,但却能使人一生富有。

生活在经济社会中,人们都不可避免地要与钱打交道,每天要考虑如何赚钱、如何花钱、如何存钱或投资等。每个人的财商水平不同,其赚钱、花钱、存钱、投资及进行其他与钱有关的活动,使用的方法会有所不同,最后所得结果也可能大相径庭。

但高财商也不是某些人生来就有的,每一个人出生后所处的家庭环境、接受的教育及长大成人后参与的社会活动,都是影响其财商水平高低的一些关键因素,其中小时候接受的家庭教育起着更加重要的作用。

以往,在家庭中,父母教育孩子时都只教他们好好读书,找好工作,多存钱少花钱,并且认为孩子赚钱少没关系,关键是要有稳定的工作。在这样的家庭教育环境下,许多孩子不懂得理财,不会有效管理自己的财富。

所以,家长期望孩子一生富有,就应从小开始对其进行财商教育,及早教孩子学会理财,正确认识并利用自己的每一笔财产。否则,等孩子长大后独自面对社会,他可能会遇到种种经济难题,甚至会因缺乏财商而上当受骗或误入歧途。

 细节2：父母榜样的力量无穷尽

8岁的女孩佳卉从小就聪明活泼，有诸多兴趣爱好，其中一项就是游泳。两年前的一个周末，佳卉和妈妈一起去游泳。游完后，妈妈却发现自己的鞋子不见了，猜想是别人误穿了。这时，小佳卉看着妈妈说："妈妈，别人把你的鞋穿走了，那你就穿别人的鞋吧。"

听女儿这样说，妈妈有些吃惊，但很快就意识到不能让女儿学会做损人利己的事。于是，妈妈决定抓住这个机会来教育佳卉，而她选择的方法并不是讲大道理，而是以身作则，用自己的实际行动向女儿表明——任何时候都不能做损人利己的事情。

最后，妈妈硬是光着脚和佳卉走回家，到家时发现脚都磨破了。但让妈妈感到欣慰的是，她的行为对佳卉起到了积极的作用。从那以后，佳卉渐渐懂得了做任何事都要争取利人利己，平时生活中也越来越喜欢帮助别人，还说自己要向妈妈学习，不会随便占有属于别人的东西。

孩子出生后，家庭是他的第一所学校，父母则是他的第一任老师。在孩子还不具备各种成熟的行为能力和个性品质时，他会以自己的父母为模仿对象，做任何事几乎都效仿他们，他的言行举止中体现着父母真实的一面。

所以，在教育孩子的过程中，理性的父母应该以身作则，给孩子树立好的榜样。尤其在培养孩子财商时，只有父母自己先学会理财，才能帮助孩子掌握管理财富的各种技巧。否则，家长无意中做出的一些不良举动都会对孩子产生很多负面影响。

雯雯很小的时候，爸爸妈妈就离了婚。后来，妈妈带着她和姐姐一起生活，姐姐只比她大一岁。每到月末，妈妈发了工资的时候，雯雯和姐姐都很开心，因为妈妈会给她们买最新款的玩具、名牌衣服、带她们吃大餐、逛游乐场等。可之后大半个月的日子，她们就不得不节衣缩食了，因为这个月的工资已花去一大半，如果继续大手大脚地花钱，她们就得借债度日，而且她们的确有过这样的经历。

后来，雯雯长大了，开始自己挣钱。她想，绝不能和小时候一样，发了工资后立即挥霍一空，之后再过拮据的生活。可想归想，真正发了工资后，她还是管不住自己，总会跑去"血拼"一番。但不久前，工作满一年的雯雯意识到，自己不能再重复妈妈以前的错误了，否则将来会吃大亏。于是，如今的她开始极力遏制自己的购物欲，希望尽快养成良好的消费习惯，并学会理财。

家长作为孩子的第一任教师，除了要教孩子好好学习，培养他的各种优秀品质外，还应在经济问题上对其进行启蒙教育，让他从小拥有正确的财富观并学会管理自己的财富。为此，家长一定要用自己正确的言行举止影响孩子，要给他树立好的榜样。具体而言，家长需注意以下几点：

1. 给孩子做良好的示范和引导

生活中，为了让孩子学会理财，家长应为他做良好的示范和引导。比如，家长要靠自己的双手努力赚钱，每天应勤快一些，不贪睡、不懒惰；每月的薪水应该有计划地开支，要让孩子清楚地了解你的消费计划。这样，在家长的潜移默化之下，孩子会逐渐具备良好的理财观和较强的理财能力。

2. 用实际行动启发孩子感恩惜福

在培养孩子正确的财富观方面，家长引导他感知别人的爱与关怀是十分重要的。孩子感受到来自别人的爱与关怀，才会慢慢学会爱别人，学会帮助与奉献。否则，年幼的孩子会因理解能力有限、思想不成熟等而误认为周围所有人对他的爱和奉献都是应该的，且只想收获而不愿付出。

对此，家长应时常用自己的实际行动启发孩子，让他懂得感恩，珍惜自己拥有的一切。

例如，家长多对别人说感谢的话，多抽时间去帮助周围的老弱病残者，多带孩子参加捐款献爱心等公益活动，这些都会让孩子受到启发，使他体会到什么是爱和奉献、什么是责任与义务，并试着去做一个无私、慷慨的人。

 细节3：智商很重要，财商"价"更高

在孩子成长的过程中，许多家长衡量孩子是否聪明、未来是否会有好前程，往往都是以他的学习成绩作为最重要的标准，并因此而十分注重开发其智力，提高其智商水平。

可实际上，成绩并不能说明什么，孩子读书时能取得好成绩，不代表他将来走上社会也能为自己谋得好前程，也不代表他会有个好"钱途"。

孩子的财商直接关系到他一生的幸福。生活中的许多事实证明，那些从小缺乏系统的、正确的财商教育的孩子，很容易养成挥霍、浪费的坏习惯，且会缺乏进取心和独立自主的能力，有不少人长大成人后还一直留在家里当"啃老族"。

所以，孩子小时候，家长重视培养其智商和情商没有错，但在此过程中不能忽略对其进行良好的财商教育。

曾为世界各国培养出1000多名CEO的美国教育家夏保罗先生说，在孩子智商、财商、情商的培养中，财商最为重要，若想子女早日成才，就一定要从小开始进行理财教育。在美国，夏保罗的这一观点已成为许多家长在教育孩子过程中达成的共识。

在英国，人人都提倡理性消费、精打细算，家长们更是从孩子两三岁时就对其进行理财教育，并分阶段采取不同的财商培养方式，如5～7岁时让他清楚钱的多种用途和来源，7～11岁时教他储蓄，让他自己管理金钱。

一向严谨的德国人在教育孩子时也采用十分有创意的方式对其进行财商培养。如风靡一时的《小狗钱钱》，就是在用讲述理财童话故事的方式，帮孩子树立正确的理财观念。

可见，要培养优秀的孩子，家长们已不能再局限于开发其智力、塑造其良好性格，而是要花费更多时间和精力教孩子学会管理财富，掌握让自己一生富有的金钥匙。

细节4：了解孩子的理财类型，对症下药

两年前，刘先生发现自己女儿的理财意识在不知不觉中发生了变化，他为此感到欣喜。

一天，刘先生发了工资，回家后便随手将工资条放到客厅茶几上，正好被女儿看见。刘先生原本以为6岁的女儿还看不懂工资条，却没想到她仔细看了一会儿后，就感慨道："爸爸每月的工资能抵农民半年的收成，农民伯伯真是辛苦！"

听女儿这样说，刘先生很欣慰，他当即表扬了女儿。那天之后，女儿不但变得节俭起来，还开始在爸妈的鼓励之下自己存钱，把平时自己的一部分零用钱都放入一个精致的小纸盒里，还说以后要拿这些钱帮助有困难的人。

一次和朋友们吃饭，刘先生很自豪地将女儿学理财的事讲给大家听。朋友们听了后先是夸赞刘先生的女儿，随后又发愁：咱家的孩子什么时候也能有"财商"啊？

此事过后不久，一位朋友就决定效仿刘先生的做法，鼓励自己的女儿进行储蓄，以培养其管理财富的能力。可是，几个月后，朋友就跑来向刘先生求助："你女儿存了钱想帮助别人，可我家孩子攒了钱之后，怎么变得越来越吝啬？她明明已经存了两百块钱，却还是不肯自己出钱买下喜欢的玩具。"

"是嘛！我想可能是因为每个孩子有不同的个性特点，在理财方面也需要我们用不同的方式来引导吧。储蓄的方式对有的孩子适用，对你的孩子可能并不是适用。"刘先生回答道。

"嗯，你说的有道理。"朋友想了想说，"看来我得先弄清楚孩子属于哪种理财类型，才能'对症下药'，是吧？"

刘先生笑着点点头，然后建议他去咨询儿童财商教育专家，以寻求可适用于自己女儿的财商培养方式。

诚如刘先生所言，孩子的性格特点不同，在对待财富的问题上也有着不同的态度和方法，即孩子们可能分属不同的理财类型。所以，在培养孩子财商的过程中，家长首先应了解清楚自己的孩子属于哪种理财类型，然后再根据这种类型的特点对

其进行恰当的引导。

一般而言，孩子们的理财类型可分为以下三种：

1. "爱好囤积"型

这类孩子最喜欢用各种办法去攒钱。这原本是一个好习惯，但并不是所有的孩子都能将这种理财方式运用得恰到好处。

生活中，我们常见的一种情形是：有些孩子想尽一切办法攒钱，但当获得较大储蓄额之后，他们却渐渐变成了一个小财迷或"吝啬鬼"，不舍得为买玩具或其他自己喜欢的东西花一分钱，而且常常将储蓄额的增加看作是自己最大的成就。上述故事中，刘先生朋友的女儿就是如此，在长期的储蓄过程中，她养成了囤积金钱的习惯，而她的囤积行为似乎也没有什么目的或计划，只是想看到自己拥有的钱数不断增加。

对于这类孩子，家长应适当采取"刺激消费"的方法，以防他过分看重金钱本身。举例来说，家长可以每隔一段时间策划一项家庭活动，如一家人出去郊游，鼓励孩子拿出自己储蓄中的一部分购买郊游所需的食物或支付一部分交通费用。当孩子用自己的钱负担了某项家庭活动开支，并体验到这项活动的乐趣后，他就会有一定的成就感，会认为这笔钱花得其所。慢慢地，孩子就不会再那么吝啬，他的储蓄行为也会变得越来越成熟。

2. "大手大脚"型

这类孩子的典型特征是花钱无节制，手中有钱就会立马花掉，不愿意多存一天。并且，这些钱都会被他用来购买自己最喜欢的玩具、零食等，这带给他的心理满足感要比其他东西带来得多。

但孩子花钱大手大脚，这将会对他未来的财富积累和管理活动造成严重不良影响。所以，家长应尽快想办法帮他建立预算观念，让他学会有计划地用钱。

例如，家长可以陪孩子去超市，让他用自己的零花钱进行一次集中购物。但购物前，家长要与孩子约定好可用资金的最大数额。若孩子最后选购的东西，其总价不超过之前定好的金额，家长就不能干涉他付款；若在结账时发现商品总价超出预算金额，家长就应让孩子重新做出选择，让他考虑清楚哪些是自己最需要的，哪些是不太必要的，最后只买下那些必需商品。

另外，当孩子拿到零花钱后，家长还可鼓励他先储蓄一部分，然后用剩下的一部分去购买自己心仪的玩具、零食等，且最好教他在购物前列好所需物品的清单，购物之后再记账。

3. "小霸王"型

人的欲望总是无限的,"小霸王"型的孩子总会无限制地向家长索要零花钱,或直接要求家长给他买各种商品。倘若家长说个"不"字,他就会大哭大闹,甚至躺在地上打滚,或用其他方法威胁家长,俨然是家中的小霸王,直到家长心软答应他的要求。这样的孩子很容易养成任性、以自我为中心的性格,对其健康成长和未来财富人生都有很大负面影响。

所以,对于这类孩子,家长的态度要强硬一些,应在他提出不合理要求时斩钉截铁地说"不",且要将这种态度坚持到底,不能一时心软向孩子妥协。久而久之,孩子就会意识到,对于他的"无理"要求,家长无论如何都不会满足,那么他就不会再费尽心思去要挟家长。

细节5：让孩子挣钱重在"学习"

文先生夫妇的收入水平都不错,两人也都受过高等教育,平时很关心自己儿子的教育问题,还专门请理财规划师指导他们为儿子将来出国留学做资金规划。在他们看来,儿子最主要的任务应该是好好学习,以后出国获得高学历,为自己争取更多获得成功的机会。

可孩子到11岁时,文先生夫妇竟发现他学习时没有以前那么用心了,却时常专注于从外面收集饮料瓶,然后再卖给废物回收站,有时他还向同学卖自己不喜欢了的玩具、文具等。文先生发愁道:"我们给他的零花钱也不少啊,他怎么还爱琢磨挣钱的事。这样太影响学习了,该采取什么样的措施制止他呢?"

针对儿子卖废旧物品赚钱的行为,文先生夫妇时常会采取反对态度,有时免不了要教训他几句。可这样做的结果是儿子并没有把全部心思放到学习上,而是开始挖掘其他更有意思的活动,比如和同学拿一些旧物到小巷口叫卖。几个月后,文先生夫妇更加担心了,也开始怀疑是不是自己的教育方法有问题。关于"该不该让孩子挣钱",他们也开始矛盾起来。

与文先生夫妇不同,他们的一位以色列朋友在教育孩子的过程中就选择让其尽早学会挣钱。这位以色列朋友虽已居住在中国很多年，但他一直秉承着犹太人"赚钱从娃娃抓起"的传统，从孩子上小学起就鼓励他们自己想办法挣钱。他有两个女儿，大女儿到12岁时已通过干家务活、外出帮邻居们打扫庭院等方法赚到了2000多元钱；小女儿10时就学会了做多种小点心，还会自己做许多手工制品，如贺卡、手工编织袋、小布偶等，她将这些东西卖给同学们，也赚了不少钱。

犹太人历来就注重对孩子赚钱能力的培养，甚至在孩子满周岁时就送股票给他，在牙牙学语时就教他辨认不同币值的硬币、纸钞。此后，他们还会抓住任何可能的机会，教会孩子如何善用每一分钱，如何赚取更多财富。

在中国，很多家长会认为孩子还小，太早鼓励他挣钱会让他染上铜臭气。所以，家长往往让孩子以学习为重，让他少接触金钱，甚至在孩子面前绝口不提"金钱"二字。

事实上，这样的做法只是家长一厢情愿，随着孩子年龄的增长，他所接触的人和事物必定越来越多，对钱的好奇心也会越来越强。这时，家长若继续遮遮掩掩，不愿和孩子谈有关金钱的问题或制止他自己赚钱的行为，孩子则会对钱更加好奇，且很可能对其产生错误的认知，致使今后缺乏有效掌控金钱的能力。

所以，在孩子财商培养的重要阶段，家长不必费尽心思去制止孩子挣钱的行为，反而还应时常鼓励并创造机会，让他通过自己的努力赚回更多钱。那么，教孩子从小学会挣钱到底有哪些好处呢？

1. 能培养孩子的自主理财意识

很多家长对孩子的事情大包大揽，结果就导致了孩子过度依赖，缺乏独立自主意识。但家长若放手让孩子做自己力所能及的事，并让他通过努力将事情做好获得相应的报酬，这不仅能让他实现自我价值，还能使他在成功的体验中获得更多自信。与此同时，孩子在付出劳动后，会渐渐认识到金钱在生活中是必不可少的，但它是要用自己的劳动去换的，而且它不是想要多少就有多少的，也不是万能的。认识到这些，孩子就会在经济上有更强的责任感，自主理财的意识也会随之增强。

2. 增强孩子与人交往、合作的能力

在替别人打工或外出寻找挣钱机会的过程中，孩子会接触到许多不同于自己家人、朋友的人和事，并要与他们建立良好的沟通关系以获得更多机会。慢慢地，孩子有了丰富的实践经验，自己与人交往、合作的能力就会有所提高。

此外，孩子自小学会挣钱还有助于提高他的办事效率并养成敬业精神，这对孩子未来走上社会后的发展大有裨益。

当然，家长鼓励孩子自己挣钱并不是要对他放任自流，怎样挣、挣多少等不能全由孩子说了算。比如让孩子通过做家务活赚钱时，不能将所有自我服务和家庭劳动都当作他赚钱的方式。

孩子到五六岁时，就应该学着自己为自己服务，如收拾自己的玩具、图书、衣服等活动应该独立去完成，为家里的花花草草浇水等十分简单且人人有责的家庭活动，孩子也应不计报酬地去做。为了肯定孩子的这些行为，家长事后可以给他适当的表扬或奖励。

当孩子在做一些很有意义的事情时额外付出了劳动，如为所有家人擦皮鞋或回收、变卖废旧物品等，家长就可以用支付"工钱"的方式给予孩子积极的鼓励和支持，并在孩子获得报酬后引导他合理消费。

细节6：3~6岁，帮孩子树立理财观念

冯女士的儿子小柏快6岁了，为庆祝他的生日，也为了激励他好好学习，妈妈决定在开学前带他出去旅游。

"小柏，我们要出去旅游了，需要买很多东西，你和妈妈一起去买好吗？"冯女士希望借此教儿子学购物，让他有理财的意识。

"好啊好啊！"一听要去购物，小柏兴奋地拍手道。

"嗯，那你先拿纸、笔、计算器过来。"冯女士道。

"要这些东西做什么？"小柏一边惊奇地问，一边去自己的卧室拿。

小柏将纸、笔、计算器拿过来后，冯女士说："我们要做个预算。你来写，妈妈补充好吗？"

"哦，这样啊。那我写什么呢？"小柏还不知道预算是什么。

"就把你认为我们去旅行需要的东西写在纸上，后面要写上每样东西需要的数量以及它们大致的价格。最后，我们还要合计所有东西大概需要花多少钱。"冯女士说。

其实，让小柏做预算这件事，冯女士是早有"预谋"的。此前几日，她还特意带小柏去一个大超市，和他一起记了记旅行所需一些物品的价格，像旅行箱、洗漱用品、遮阳伞等的价格。

小柏"哦"了一声，然后在纸上写下了旅行箱、伞、太阳帽、旅游鞋、防晒霜、牙膏、牙刷等物品名称。当然，其中有些字小柏还不会写，是冯女士手把手教他写出来的。之后，小柏再和冯女士一起商量着写上每一种物品应购买的数量及其大致价格。

最后，合计总价格的时候，小柏的又能一显身手了，因为他已经会用计算器了，合计的重任当然要交给他。小柏平时就喜欢拿计算器按着玩儿，这回真办起正事，他倒也很熟练，没几分钟就算出了总额。冯女士检查了一遍，发现小柏没有算错，于是表扬道："你真厉害，算得一点都不差。现在我们就去超市买这些东西吧？"

小柏高高兴兴地和妈妈出门了。到了超市，冯女士又趁机教小柏选购商品的技巧，希望他将来能更聪明地购物。

有人说，孩子6岁之前什么都不懂，教太多东西他也学不会，所以没必要浪费时间教他理财。可是，事实并非如此。

一般情况下，孩子到3岁以后，自我意识会迅速扩大，由自己的身体扩展到周围的人和物上，会对周围的人、事、物有自己的看法和理解。之后，随着孩子年龄的增长，其身体各器官的发育会愈发成熟并出现各种学习敏感期。

研究证实，孩子越小，其学习能力越强，而3~6岁时的学习，则是在为他将来的学习生涯打基础。所以，孩子学习理财知识也应尽早，当他学会在购物之前先做预算，学会将一个硬币存进小小储蓄罐等，他就已经具备了理财的意识，将来在学习更复杂的理财知识和技巧时，他就会更加游刃有余。

那么，对于3~6岁的孩子，家长应如何培养其理财观念呢？

1. **教孩子认识金钱**

三四岁的孩子往往根据形状、颜色、具体可见的情景等，认识、理解相应的事物，如在最初接触钱币时，孩子会认为5分的硬币比1角的硬币更值钱，因为5分硬币看起来更大些。

所以，这个阶段，家长应依照孩子的这一特点，有意识地教他认识不同图案、大小的钱币的真正价值，还可以让他参与数额较小的日常消费。比如，家长可以在带孩子出去玩之前给他几元钱，坐公交车时让他拿出一元钱买票，玩累了再拿出一元钱买个雪糕吃……通过这样具体的实践活动，孩子就能明白一元钱能买些什么，它的价值到底有多大。

2. 激发孩子储蓄的兴趣

孩子到四五岁时,他的注意力往往会集中在自己感兴趣的事物上,如自己喜欢的玩具、零食等。这时,家长可借机引导孩子进行储蓄,并用一个漂亮的钱包、造型可爱的储蓄罐等引起孩子的兴趣。另外,孩子坚持储蓄一段时间后,家长应买小礼物作为奖励。或许孩子存下来的只是很少一笔钱,但这样的奖励却能进一步激发他的储蓄兴趣,让他更有信心去坚持。

3. 教孩子简单的购物技巧

孩子到五六岁时,家长就有必要让他学习如何聪明购物了,上述故事中冯女士的方法是可取的。

在教孩子购物的过程中,家长要创造机会让孩子列购物清单、做预算等,到商场或超市后,还应教他辨认各种商品的生产厂家、生产日期、保质期等。此外,为了让孩子学会选购物美价廉的商品,家长还应告诉他什么是打折、返现等,并教给他折扣、返现额的计算方式。

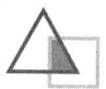

细节7:6~12岁,教孩子自主理财

性格活泼的女孩小昕7岁时,好奇心和模仿力都比较强,而且时常和别的小朋友攀比,别人有的东西她也一定要有。爸妈虽然很疼小昕,但有时也会觉得她无理取闹。遇到这种情况,爸妈会给她讲道理,可结果往往是行不通的。

后来,爸妈通过咨询儿童教育专家,发现可以用转移注意力的方式让小昕减少攀比,同时学会合理利用金钱。

一次,小昕的几个同学都说他们最近常去吃"麦当劳",特别好吃,听得小昕直咽口水。

那天回家后,小昕就嚷着要妈妈带她去吃"麦当劳"。可是妈妈已经做好了饭,而且邀请了两位朋友来家里吃饭。不过,她知道小昕脾气倔,这个时候给她讲道理仍是行不通的。于是,她想了想说:"小昕,爸爸昨天给你买了一本很好看的漫画

第一章 开发孩子的财商和智商同样重要

书，妈妈陪你一起看好吗？看完我们再吃饭。"

"好。"小昕也比较喜欢看漫画书，所以就点头答应了。看着看着，她就入了迷，忘了还要吃"麦当劳"的事。半个多小时后，妈妈叫她吃饭，她很快就跑过来，还说要赶快吃完写作业，写完后还想再看看漫画书。

后来，妈妈在陪小昕看漫画时，还引导性地问："宝贝，是不是觉得看漫画比吃麦当劳更开心呢？"

"是呀，妈妈，这本漫画书真的很好看！而且，今天妈妈做的饭也特别好吃，麦当劳那么贵，我现在已经不想吃了。"小昕说。

"宝贝真乖。其实，我们不花钱也能得到许多乐趣的，你说是不是？"妈妈笑了笑，继续说，"以后，我们就多存一些钱，给你买更多漫画书，买好的学习用品，或者我们一起出去郊游，好不好？"妈妈笑着问。

小昕听后拍手叫好。从那以后，她开始节俭，不再那么喜欢和别人攀比，平时也不会随便向爸妈要零花钱，还说自己少花点钱一样能生活得很快乐。

一般而言，孩子6~12岁是读小学的阶段，在此期间，他的生活圈子会不断扩大，参与群体活动的机会也越来越多。这一时期，他的道德观正处于萌芽阶段，没有形成正确的金钱观、价值观和人生观。所以，这一阶段的孩子容易出现与人攀比、花钱无度等行为。

不仅如此，6~12岁的孩子还没有自食其力的能力，许多事还要依靠家长，但家长尽早培养他自力更生的意识，让他养成节俭、自己的事情自己做的好习惯是十分必要的。一个从小勤劳节俭、不图安逸、不贪婪浪费的孩子，长大自立后即使收入不多，他也能合理安排自己的各项生活支出，也能用积极的心态应对生活中的一切难题。

对于6~12岁的孩子，家长应从以下几方面注意培养其理财能力：

1. 让孩子合理利用金钱

生活中，孩子不可避免地要与金钱打交道。而孩子6岁以后，对周围各种事物的好奇心和模仿能力会不断增强，也有了一定的攀比意识。这时，如果家长没有教孩子正确理解金钱的价值，没有教他如何合理利用金钱，孩子就很可能在许多不良消费行为中形成错误的金钱观、价值观和人生观。

所以，孩子到6岁后，家长对其进行理财教育的重点就是培养他自主理财的意识，让他学会合理利用金钱。具体而言，家长应教孩子用最少的钱换回最多的快乐，而不是花大钱去满足他的所有物质需求。

举个例子来说,若孩子想买一个很贵的玩具,家长可以带他去郊游以转移其注意力,并让他记下这一天都做了什么,回家后与他一起算笔"账",让他说出自己获得了哪些快乐。然后,家长还可以和孩子一起计算这一天花了多少钱,与买玩具相比省下了多少钱,这些钱还可以做其他什么事等。孩子就会慢慢意识到,金钱不是生活的全部,不花钱或花小钱也能获得许多乐趣。

2. 教孩子做简单的消费规划

6~12岁的孩子,虽然还不具备自食其力的能力,但他的独立自主意识正在慢慢增强。这时,家长就应抓住时机教孩子自己管理财富,要创造机会让他进行实际的理财活动。

例如,家长可以每月固定给孩子一部分零花钱,让他自己管理和支配。每次给他零花钱后,家长可以先要求他做简单的消费规划,如在一个记账本上写下这个月的每星期或每天预计花多少钱、花在哪些项目上等,每次消费后记下实际的消费方向和消费额,到期后再让他做盘点,看看是否出现亏空或结余情况。若孩子出现亏空情况,家长应帮他分析哪些钱该花,哪些不该花,并让他吸取教训,下次更加谨慎消费。如果孩子的零花钱有结余,家长应给予其相应的表扬或奖励,并帮他制定出下个月的零花钱使用计划。

另外,家长还应帮助孩子了解一些关于投资的基本知识,为他在十几岁时尝试进行一些安全的投资做准备。

第二章

父母应避免的10个财商家教误区

在法国曾经召开的世界儿童教育大会上,就有专家提出,父母对10岁以下儿童不当的教育方式,导致他们成年以后,在经济、心理、生活等方面缺乏独立意识和独立能力。特别是当他们受到的财商教育不完整或者欠缺时,在长大后就会表现出明显的不善理财的情况。在本章,我们针对常见的一些财商家教误区提出了相应的解决方法,供家长参考。

第二章　父母应避免的10个财商家教误区

 细节8：莫将孩子惯成"啃老"族

　　王大宝大学毕业后找工作连连碰壁，就开始了宅在家里的日子。这一宅就是七八年，如今三十岁的他依旧一事无成。王大宝的父母。别提有多愁了。

　　"大宝，你这个样子以后可怎么办啊。"父母日渐衰老，对儿子的未来越来越担忧，便把他叫到身边，语重深长地对他说道："出去找份工作吧。"

　　谁知王大宝却回答说："找工作做什么？不是有你们吗？"

　　"可我们不能照顾你一辈子啊。"

　　"那就到时候再说呗。"王大宝无所谓地耸耸肩，父母见劝不了他，便无奈地叹着气走开了，但他们并没有放弃对儿子的再教育工作。

　　没几天，父亲又找来王大宝，对他说："我托你刘阿姨帮你找了份工作，下周一就上班，你这两天准备一下。"

　　"爸！"王大宝一听，生气了，"刘阿姨能找什么工作，还不是工厂的工人之类的，每天累死累活也挣不了几个钱，有什么用。"

　　"你现在天天闲在家里，一分钱都挣不了，出去挣一点是一点。"父亲看着儿子，叹口气说道："我和你妈也不指望你能挣多少钱，只要你能养活自己就行了。"

　　"好了好了，我去。"王大宝见父亲又要开始他的长篇大论了，赶紧答应了下来，不过，他还是不甘心地说道："要是做不下去，我就不做了。"

　　"到时候再说，只要你周一肯去就行。"父亲见他答应了下来，高兴地拍拍他的肩膀塞给他几百块钱说道："就要上班了，去买身新衣服吧。"

　　王大宝高兴地应了下来，不过最后他衣服没买，钱全花在了吃喝玩乐上。

　　头几天，王大宝为了讨父母高兴，每天都按时起床去上班。不过第四天的时候，他就坚持不下去了，躺在床上，不管父母怎么叫，他都不愿意从床上爬起来，直到日上三杆，他才打着呵欠从房间里走了出来。

　　"爸，我今天不去上班了，太累了，浑身又酸又疼，这哪是上班，简直是要人命啊。我一会儿出去和朋友们聚聚，给我点钱。"王大宝脸不红心不跳的说道。

　　"哎！"父亲重重地叹了一口气，无奈地从兜里拿出钱来，塞进了儿子手里。

"啃老"一词其实是个外来的词语,它最开始是出现在英国,后来成为全世界的流行词,指的是十五六岁到三十五岁之间的不升学、不就业、不进修,终日无所事事的年轻人。在我国则条件宽泛些,指的是二十四岁到三十五岁之间的年轻人。

故事中的王大宝就是一个典型的"啃老族",他虽然已经成年且有生存能力,但是因为工作不顺利或不如意就经常"宅"在家里,依靠父母来养活自己。还有的年轻人不但依靠父母生活,还经常向亲友借钱度日,却不愿意接受辛苦的工作自己挣钱。现在,这种消极的生活现象已经不是个例,很多年轻人都处于这种状态。

究其原因,既有宏观经济上的不景气的缘故,也有年轻人工作、创业上条件的不利,但更重要的还是他们自身存在的因素所致。据专家研究发现,这些年轻人大都有怕吃苦、嫌弃工作待遇低,认为自己应该做待遇更高的工作等想法。其实,严格说来,现在的社会发展程度和经济条件要比他们的父辈和祖辈强得太多了。追根溯源,抱有这些"懒想法"的年轻人大多出身在生活条件比较好,父母十分疼爱甚至溺爱的家庭。父母往往会对他们比较迁就,没有对其进行科学的性格锻炼和财商教育,从而导致他们情商比智商低、不善于理财,对如何挣钱等生存技能掌握程度较低。

曾经在法国召开的世界儿童教育大会上,就有专家提出,父母对十岁以下儿童不当的教育方式,导致他们成年以后在经济、心理、生活等方面缺乏独立意识和独立能力。特别是当他们受到的财商教育不完整或者欠缺时,在长大后就会表现出明显的"啃老"现象,随着年龄的增加,人的性情和特长趋向固定,他们再弥补某方面的技能,只能取得事倍功半的效果。

因此,为了给孩子一个光明的未来,为了让孩子成为日后的"巴菲特""比尔盖茨",我们年轻的父母们应该大胆放开手让孩子在生活、学习、理财等方面都勇于尝试,并随着孩子年龄的增加而对其进行系统、科学的引导和教育。

细节9:理财教育预防孩子成为"卡奴"

小茹是个喜欢网购的女孩子,为了能随时随地把喜欢的宝贝抱回家,小茹便央求妈妈帮她办了张信用卡。自从有了信用卡,小茹网购起来更随心所欲了,看见这个想买,看见那个也想要,完全不会考虑这些钱够不够用。

第二章 父母应避免的10个财商家教误区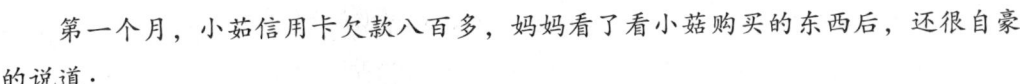

第一个月,小茹信用卡欠款八百多,妈妈看了看小茹购买的东西后,还很自豪的说道:

"八百就能买这么多东西啊,还挺划算嘛,以后小茹也帮妈妈在网上买点东西吧。"

"好啊。"小茹本来还担心妈妈会骂自己乱花钱,但没想到反而受到表扬了从那以后,小茹网购的次数更多,涉及的数额也更大了。直到有一天,妈妈吃惊的看着信用卡账单上的数额,才认识到事情的严重性。

"小茹,你最近是不是买了太多东西啊。"妈妈看着欠款小一万的账单,差点眼一黑晕了过去,孩子小小年纪怎么这么能花钱啊。

"没怎么花啊,平均一个月也就一两千块啊,而且每个月不是都有还款吗?应该不会欠很多吧。"小茹如实回答道。

听完女儿的话,妈妈又把账单细看了一下,女儿开信用卡到现在一共有6个多月了,账单上显示的每个月的消费金额在1500元左右,还款金额为500~800元左右,但是从第二个月开始,账单上就出现了一个循环利息的收费项目。虽然每个月也就是几十块,但利滚利,最后欠款金额竟然高达7800。

"这个循环利息到底是什么?为什么利息不多,最后却欠下了这么多钱呢?"妈妈怎么也想不通这是怎么一回事。

爸爸下班回家听到这件事后,把母女俩都训斥了一顿,对她们说:"都还没弄清楚信用卡是怎么一回事就乱办,银行赚的就是你们的利息钱,难道还会吃饱了撑的,免费借钱给你们花?明天赶紧把钱还清,把卡退了。"

虽然妈妈和女儿还是没弄明白这是怎么一回事,不过她们还是听了爸爸的话,第二天就去银行销号了。

如今,像小茹这样的年轻潮人越来越多,他们大都年轻、活泼、冲动,喜欢追求新鲜时尚事物,对心仪的东西抵抗力不强,往往在一时心动下就会买下。但是,现在的年轻人大多毕业不久,社会阅历和工作经验都不多,薪水也不高,在高物价、时尚流行元素盛行的当下,如果一不留意,就会出现消费赤字,甚至寅吃卯粮的情况。而这些年轻人大多认为自己已经自立了,在手头不宽裕时也不愿意开口向父母借钱,怎么办呢?托发达的银行服务的福,他们可以办信用卡,利用其提供的"透支"的功能应付自己的不时之需,这下子看似问题解决了,但往往会陷入信用卡欠债,甚至成为"卡奴"的困境。

对于家长们来说,像小茹这样的工作后欠债不多的"卡奴"尚可帮助一二,但现在更为严重的问题是，很多在校大学生、高中生也有了属于自己的信用卡，在获得较大笔资金的自由支配权后，常常在潇洒过后面临无钱还帐的情况，甚至于多办几张信用卡，以"拆东墙补西墙"的方法度日，一不小心，逾期无法还帐，就会收到高额的利息和罚单，乃至个人信用被记入银行征信系统的"黑名单"中，日后在申请贷款等真正需要的金融业务时会遇到许多麻烦。更有甚者，长期欠账不还时还会被银行以"信用卡诈骗"等罪名告上法庭，数额巨大的会面临牢狱之灾。

表面看来，这是现在的年轻人面对的诱惑太多，自控力又较差，而理财能力更跟不上自己的经济需求所致。其根本原因还是自小在财商教育方面的欠缺，特别是家长对孩子的经济头脑、理财能力的培养不足。那么，为了避免我们的孩子日后也出现这种情况，我们家长应该如何做呢？

首先，我们要从现在做起，根据自己孩子所处的年龄阶段，对其进行不同的财商教育，其中主要内容是要培养孩子正确的财富观，让孩子明白家中财富是劳动得来的，只有付出自己的努力才能获得相应的报酬，从小就在孩子的心里扎下"崇尚劳动""不劳而获可耻"等基础的财富观，并让孩子正确看待物质享受，避免陷入爱慕虚荣，追求奢侈的不良习惯中。

其次，家长要给孩子多一些亲身体验，让孩子在劳动中获得报酬，体会到享受自己劳动成果的快乐和成就感。只有理论说教往往对孩子效果不彰，只有让其自己去实践其体验，才能加深他对自己创造财富的渴望和追求。

最后，家长还要告诉孩子理财的方法、技巧，让孩子知道如何能多快好省地积累自己的财富，树立"自己能挣来财富"的自信，让他在走上社会后，面对激烈的竞争不会害怕和胆怯，能乐观面对一切。在对孩子进行财商教育时，家长不要忘记对其进行适度的"挫折教育"和预防经济诈骗、损失等方面的教育，以让孩子对其有所认识，提高面对挫折时的心理承受能力。

细节10：女孩也要进行财商教育

小刘有一双儿女，儿子刘盼盼和女儿刘乐乐，他常听人说"穷养男，富养女"，便在教育儿子和女儿的时候，实施了两种教育方案。

对儿子盼盼，小刘一直是个严父形象，不仅早早地就让他学会了吃苦耐劳，还把他的零花钱额度降到了最低,希望他能从小学会精打细算,摸索出一套适合自己的理财方法。

对女儿乐乐,小刘不仅尽量满足了她的所有要求,每个月还会给她不少零花钱,让她去买自己喜欢的东西。

"这样应该就可以了吧。"小刘这样想。

可结果,却让小刘失望了。

儿子倒是很能干,当自己的零花钱不够用的时候,能用各种各样的合理方法"挣"到自己需要的钱。可女儿完全没有金钱观念,每个月不仅花销多,还一点计划也没有。

"乐乐,你这样可不行,你看哥哥多能干,钱是不能乱花的,得学会管理。"爸爸语重深长的对她说道。

乐乐摇摇头,问他:"怎么管?爸爸妈妈不是管钱的吗?钱交给你们管,没钱了我就和你们要嘛。"

"这可不行,爸爸妈妈的钱并不等于是你的钱,你要学会管理自己手上的钱,懂吗?"

"不懂,反正我要什么你们都会给我买什么,学会管钱真的有那么重要吗?"

"当然很重要,学会管钱,才能让钱去生钱,你这个只会花钱的笨丫头,早晚变成穷光蛋。"盼盼吐着舌头嘲笑她。

乐乐眼一红,撅着小嘴说道:"那你教我管啊。"

"行啊,先拿学费。"

"给!"乐乐生气的从口袋里拿出几块钱,恨恨的甩到了哥哥的手里。哥哥扬扬手里的钱,洋洋得意地笑道:"瞧见没有,这就是挣钱之道,理财之道!"

看着两个"胡闹"的孩子,小刘长长叹息了一声,暗道:"看来别人说的也不全是对的啊,不管是儿子还是女儿,财商都需要从小培养啊。"

生活中,和小刘一样抱有"男孩要穷养女孩要富养"的家长不在少数,他们大多认为男孩太娇惯了就会变得文弱,失去男儿本色。女孩富养,长大了才不致于在荣华富贵面前栽跟头,只要家长在教育的时候注意不让女孩变成嫌贫爱富的人就行。在家长看来,女孩本来就是父母的贴心小棉袄,适当娇惯下也没有关系的。家长这样的想法也是有道理的,疼爱孩子尤其是女孩是人之常情嘛。但是,家长需要注意的是,在对孩子进行财富教育时就不宜以性别来区分了。

为长远计,家长应摒弃无原则的"富养女孩"的观点,对其也要进行财商教育，只不过侧重点和对男孩稍有不同。具体来说，家长对女孩进行培养时要注意以下两点。

1. 着重对女孩进行正确的财富观教育

如今女孩的生活条件大都比较优渥，家长对其进行财富教育时，可告诉她"要学会适应生活，富日子能过，穷日子也能活，而且都要过的有情趣有品位"，比如家长给孩子讲自己小时候的生活，虽然比现在艰苦多了，但乐趣一点儿也不不比现在少，让孩子从长辈的经历中看到不同的生活条件下的乐趣。家长还可以带孩子到乡下等地方，让其适应不同的生活。此外，家长还要让女儿明白，要用自己的双手去创造财富，但不能将其作为人的唯一追求；财富的多寡不能作为与人交往的标准，要能同样对待"穷"朋友和"富"朋友等道理。

2. 发挥女孩耐心、细致的特点进行财商培养

女孩子往往比较文静、细心，也有较强的耐心，家长应该在对孩子进行财商教育时注意发挥其这方面的优势。比如，在打理自己的零用钱时，家长可引导女儿合理分配，精打细算，教女儿详细记录自己的收支账本，鼓励她坚持"定期存钱"，教她计算、比较各种储蓄方式的利弊，选择更利于自己的一种等等。相信在家长有的放矢的财富教育下，女孩也会成为高财商的理财"小专家"的。

细节11：家长也要提升自身的理财意识

赵芳喜欢逛街购物，每次出门都会买一大堆东西回来，而很多在买后都扔在一边连看也不看，甚至有一些东西自买回来就没开过封。

在她的影响下，女儿灵灵也喜欢上了购物。每次赵芳逛街的时候，她总是像个跟屁虫一样跟在后面，左拿一样，右挑一件，让妈妈帮她买单。

"妈妈，这件衣服我想要。"

"妈妈，这条裤子买给我吧。"

"妈妈，这件上衣……"

"灵灵，你今天买了好几件上衣了吧，要这么多，你穿得过来吗？"妈妈见女儿手里已经拎了一大堆衣服，觉得她太奢侈了。

女儿却抬起头，认真地说道："妈妈不是也买了很多？我一天换一件，一个星期还不够换呢，妈妈，再帮我买几件吧。"

"……哦，好，那你去挑吧。"赵芳看看自己手里的东西，确实也没资格说女儿，便同意了。

回到家后，看着房间里那一堆购物袋，赵芳开始嘀咕了，自己花多少会加倍挣回来，可女儿小小年纪就学会大手大脚花钱，是不是有些不合适呢？可如果让她学会有计划花钱，估计她又会拿自己说话，这可怎么办呢？

"你陪女儿一起做理财计划不就行了？"灵灵爸听了她的唠叨后，说道："本来你乱花钱我就有意见，现在把女儿带的也学坏了，这个责任你得负起来，明天开始就为女儿做个榜样，开始理财吧。"

"这样真的有效吗？"赵芳不太自信地问道。

灵灵爸很坚决地回答道："当然有用。近朱者赤，近墨者黑。家长缺乏财富意识才影响到孩子的。如果家长花钱严谨，学会有计划地进行购物，孩子耳濡目染，总有一天也会变成理财高手的。"

"真的？那我明天就开始制定理财计划，一定要让我和灵灵变成一个有计划、有原则的人。"赵芳紧握拳头，像发誓一般举起，放在右耳旁说道。

现在的家长大多是70后、80后的年轻人，他们在工作和生活上要比父辈们更注重品质和快乐，也希望孩子能有一个快乐幸福的童年。上面故事中，赵芳就是这样一个时尚的女性，她除了喜欢逛街，买买衣服和化妆品外，也没有别的大的开销，但是其行为已经对孩子灵灵产生了很大的"榜样"作用，尚处于年幼的孩子没有清晰的辨别能力，看到妈妈能随意买自己喜欢的衣服，她自然认为自己也要像妈妈那样做才是对的，殊不知，这个随意购物大手大脚花钱的"口子"一开，就很容易养成习惯，而要想节俭下来可就要费老劲儿了。"由俭入奢易，由奢入俭难"可是老祖宗传下来的至理名言！

现在的家长大都不是理财专家，他们所受的教育中以"节俭""勤劳致富"等观念和事例居多，但面对如何合理理财，面对五花八门的投资项目如何取舍，在生活中如何进行科学规划等问题，也都是只知其一不知其二，因此也需要加强这方面的补课。具体来说，家长们需要在以下方面做出提升。

1. 纠正理念方面的误区

家长在理财中往往会出现两类观念性的误区：一是认为理财就是投资，就是能用小钱搏大钱，自己多花些没有关系，只要能投资赚回来就行；二是认为自己和家庭是工薪族，日子过得并不富裕，没有时间和余钱去做理财。

其实，理财的基本概念很简单，是指个人根据当前的实际经济状况设定想要达成的经济目标，在限定的时限内采用一类或多类金融投资工具，通过一种或多种途径达成其经济目标的过程。因此，无论是个人还是家庭，无论是富有还是贫穷都是需要理财的，都要遵循"适度消费、合理投资、适当储蓄"这三项原则。

2. 注重家庭规划，理财要趁早

在具体到家庭理财规划时，我们首先要重视的就是"理财要趁早"这个规律，无论你的经济状况是什么样的，越早开始规划自己和家庭的理财目标和具体方法，理财的时间就会越长，抵御风险的能力也就越强，相应的经济压力也就越小。这和越早加入保险，保费越低收益越大是一个道理。其次，在理财中，要对家庭的各种收入和开支做好统筹并作出长远的规划，要根据上文提到的三原则做到平衡理财。有了孩子的家庭开支会大增，还要面对孩子的各种需求，这都需要家长的收入做后盾，更应该趁孩子还小时就对未来进行一个规划，既有长期的愿景目标，也有中期的切实目的，还有近期的合理安排，这样才能从容应对以后的人生。

最后，在日常理财中，还要做到坚持和灵活安排，既能为了既定的目标而尽力坚持理财，又能针对理财中出现的各种问题而及时补救，并且对各种临时变化还有充分准备和应对，适当进行灵活安排。

3. 日常理财教育夫妻观点要一致

在日常生活中，夫妻要做到既能互相鼓励、相互提醒，在理财上做到合理、理性，又能在对孩子的财商教育上保持一致，引导孩子正确认识金钱、物质、劳动等等基本的经济知识，鼓励他积极尝试理财活动，同时在行为上，还要给孩子做出榜样。

细节12：普通家庭也要警惕"富不过三代"现象

有一个亿万富翁今年已经六十岁了，虽然他有两个成年的儿子，但仍拖着疲惫的身躯对集团的事情亲历亲为。

"您为什么不把担子交给两个儿子呢？"曾有好事者这样问。

第二章 父母应避免的10个财商家教误区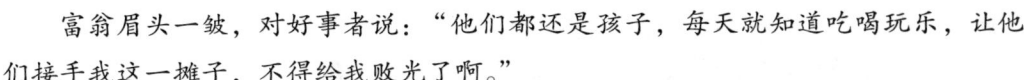

富翁眉头一皱,对好事者说:"他们都还是孩子,每天就知道吃喝玩乐,让他们接手我这一摊子,不得给我败光了啊。"

"我觉得他们都挺能干的啊,或许您应该多信任他们一些。"好事者继续说道。

富翁有些生气了,对他说:"我曾经分别让他们管理一个分公司,最后却把事情连连搞砸,这样的人怎么能得到我的信任?"

"可我听说,那是您没有下放足够的权力才导致的……"

"……"富翁没有再理这位好事者。

这个好事者觉得富翁完全应该放下权力,让年轻人领导公司前进。好事者在老爷子这里说不通,就来到了富翁儿子们面前,对他们说:"你们为什么不劝劝你们的父亲,让他把担子分给你们挑呢?"

"不行,不行,"大哥首先摆手摇头,对他说道:"父亲好不容易打下的江山,要是败在我手里怎么办,我可不想当败家子。"

"就是。"弟弟也点头附和道:"而且,我完全不懂生意上的事情,就这样在家里混吃混喝挺好的,过几年再学习生意上的事情也不晚。"

"……"好事者听到双方的言辞后便不再多言,默默地离开了。

结果,没过两年,富翁因为操劳过度而住进了医院,两个儿子慌里慌张的接手了公司,因为缺乏管理公司的经验,致使集团的运行陷入了莫大的危机中,没几年就没落了。

这个故事讲出了我国企业家面临的问题:自己在这三十年来辛辛苦苦打拼积累下来了不少的财富,本想让孩子能有一个高起点继续家族的辉煌,但是孩子大都守不住这份产业。虽然故事中的富翁是因为溺爱而对孩子不放心,舍不得让他们吃苦而独自撑着公司,孩子则认为自己的本事不如父亲,还是老实待着守成就行,但是事与愿违,他们最终也没有守住父亲创下的商业王国。

以上这些,虽然说的是富豪,但是对我们普通家庭一样适用。他们为什么培养不出优秀的下一代,为什么"富不过三代",不外乎"缺少勤俭持家""对孩子教育失败"这两大原因。

在企业家看来,自己辛辛苦苦打拼多少年换来了如日中天的诺大家业,不就是为了留给后人吗?在日常生活中,让孩子多享受些富贵也是理所当然的,不必过于强调勤俭持家,只要家长时时教育、提醒孩子就行了。在蜜罐中长大的孩子,可能其学识比父辈强,但是其阅历、社会竞争力、创造财富和理财的能力比父辈差了不知多少,温室中的花朵总是躲不过风雨的考验的。一旦父辈撒手而去,他们自然会在激烈的社会竞争中落败。

　　说起对孩子的教育，家长大都把主要精力和时间用在工作上了，对孩子的早期教育，特别是财商教育不是托付给亲友、老师，就是抽空教育孩子，其效果自然不彰。孩子在优越的环境中享受惯了，父母再来要求他"俭省""热爱劳动"等，无疑效果不大。

　　因此，说"富不过三代"是个魔咒一点儿也不假。多少睿智的企业家、名人们，甚至伟人们的孩子大多一代比一代平庸，其具体原因各有不同，但总逃不离以上因素。可见，我们没有任何理由可以放松对孩子的教育，尤其是对孩子的财商启蒙教育更不可忽视。

细节13：不能随便给孩子零花钱

　　苗飞是一名小学生，因为家庭比较富裕，花钱喜欢大手大脚，一点也不心疼钱。

　　周末的时候，苗飞对妈妈说："妈妈，明天我要和朋友们一起出去玩，你多准备点钱给我。"

　　"又要钱？"妈妈吃惊地问："前几天不是刚给了你三百，花哪了？"

　　"不知道，反正就是没了。"苗飞拱拱手，面不改色地回答道。

　　"飞飞，你怎么越来越没谱了？钱就是这么好挣的？爸爸妈妈挣钱不容易，你就不能省着点花？"妈妈有些头疼的问。

　　"谁说不容易。"苗飞头一扬，竟对妈妈说："我每年春节的时候随便去几个亲戚家就有好几千，挣钱太容易了，妈妈别骗我。"

　　妈妈一听，愣住了，没想到春节的压岁钱，竟成了儿子"挣钱"的好路子，而且还产生了钱易挣的思想，这可不行！

　　妈妈觉得再这样下去儿子的前途很有可能被毁掉，便开始想办法纠正儿子的不当想法。

　　"妈妈，今年春节你说大家会给我多少压岁钱呢？"又是一年春节时，苗飞早就盼着这一天的到来了，早早地就穿戴整齐，等着妈妈带他出门走亲戚。

第二章　父母应避免的10个财商家教误区

"今年钱不好挣，你可得有点心理准备哦。"妈妈颇有深意地对他笑道。

苗飞头微微一歪，心想：能有什么不好挣的，还不是过去拜个年，钱就到手了。妈妈真是的，总是吓唬他。

可真到了亲戚家，苗飞才体会到妈妈话里的意思。原来钱真的很不好挣啊。

原来，妈妈为儿子头疼的时候，了解到亲戚们也有相同的烦恼，大家便出了一个主意，让孩子知道钱到底有多难挣。所以，大家决定，今年给孩子们发压岁钱的时候，不仅"量"要减少，还要提出一些条件，比如，用劳动换取。

苗飞在亲戚家做了一整天的家务活，才拿到了薄薄的一个红包，回家的路上，他颇有感触地对妈妈说："这点钱真的好难挣啊，我可舍不得随便花出去了。"

妈妈欣慰地拍了拍他的肩膀。

生活中，像苗飞这样家庭富裕、花钱大手大脚的孩子并不少见，他们一直生活在"蜜罐"里。只要在经济许可的范围内，家长对其零花钱并不强制约束，这种自由自在的环境让这些没有吃过苦孩子不知道节俭，更不知道如何理财了。对此，家长应及时转变自己的育儿理念，即使自己再有钱，也不能在孩子还小的时候就让其养成花钱随意的习惯，否则这种行为一旦固化后，就有可能成为其脾性的一部分，将来再去纠正就很难了。最可行的方式是，家长不再随意给孩子零花钱，先从量上约束他，然后在对其进行全面的理财教育，培养其全面的财商。

在成功减少孩子的零花钱后，家长应对其做进一步的教育。主要是对孩子进行心理上的安慰和开解，以免其走入思想误区。待孩子的情绪平静下来，能冷静面对事实后，家长应趁机以此作为转机对其进行理财教育，"孩子，你不是认为自己的零花钱少，是父母有意刁难你吗？现在，我们教给一个能增加你的零花钱的方法怎么样？"以孩子对金钱的需求作为其理财教育的起点。当然，在家教中，父母可像故事中苗飞的妈妈那样，结合实践让其明白应正确看待金钱，不能一切都以金钱来衡量，更不能自己有了钱就肆意乱花等道理。

 细节14：家长应谨慎对待孩子的物质要求

马玲是个漂亮时髦的小姑娘，虽然才刚刚10岁，但对穿着打扮十分讲究，很有时尚造型师的架势。

在外人看来，这是很值得羡慕的事情，大家都对马玲的父母说："你们这孩子可真有才，以后能当个时尚设计师，挣大钱呢。"

马玲的父母听后，表面上只是笑笑，含糊不清地附和两句。其实他们心里很无奈，经常看着马玲连连叹气。

这是为什么呢？

原来，马玲喜欢打扮，需要大量更换衣服。她还是个"物质女孩"，买衣服一定要名牌的、贵的。没达到她的要求，她就会纠缠不休，直到妈妈买回她指定的衣服才行。

可是小孩子发育快，个子长得快，几百块钱买回来的衣服，没多久就穿不了了。这时候，马玲又会嚷着要去买新衣服，当然，必须还得是名牌的才行。

久而久之，马玲的父母就有点受不了了，每个月光给马玲买衣服就要花掉小一千块，他们是普通家庭，这种消费水平哪受得了啊！

所以，爸爸在马玲又一次开口要买衣服的时候，断然拒绝了她。

爸爸说："上个星期妈妈不是刚给你买了一件吗？等那件穿旧了再去买新的。"

"那件不是品牌的，我不要。"马玲撅着小嘴回答道。

"你没给家里挣回来一分钱，有什么资格穿名牌衣服？"爸爸先是很生气地吼道，在看到女儿眼里的泪花后，稍缓了缓口气，对她说："爸爸妈妈很辛苦地给家里挣钱都舍不得穿好衣服，你要体谅咱们家的情况，不能蛮不讲理，天天嚷着要名牌衣服，知道吗？"

"不行，不行，就不行！"马玲哭闹起来，爸爸的气一下子又窜了上来，啪的一下狠狠打在她的屁股上，她才老实了下来。

小小年纪的马玲就喜欢上了"臭美"，非名牌衣服不买，非漂亮的用品不买，这不但给家长带来了不小的经济压力，还很不利于以后的成长。如果不加纠正，马

玲长大后就可能变成爱慕虚荣的"物质女孩",甚至走向歧途。生活中,孩子随着年龄的增加,接触信息量越来越大,就难免受到"名牌""高档"等广告和信息的影响。作为家长,应该如何帮孩子树立正确的物质观呢?

1. 家长以身作则。

孩子在儿童期接触最多的人是父母,受父母的影响也最大。在生活中,家长应该注意自身的言行,不追求名牌,不贪图虚荣,并能对身边不良的现象表达出鲜明的观点。在这样以身作则的"身教"下,孩子也会逐渐明白什么是对的,什么的错的,不再过于看重物质,追求名牌了。

2. 教孩子学会选择。

当家长遇到孩子请求买一些东西时,家长可以不直接拒绝他,而是让他在这些东西和其他东西之间选择,即买了这些其他就不能再买了,要自己做出决定放弃哪些东西。孩子经常受到这种"训练",不但会精明地选择更加利于自己的东西,还会明白"自己的需求并不能都被满足,自己只有选择最有利的那个"的道理。

3. 引导孩子寻找不用花钱也能玩的活动。

对孩子来说,他们更看重自己能否从某件东西、游戏等中获得快乐,而非必须花多少钱才会感到满意。家长可以抓住这个关键,带孩子在家中、在外面找一些有趣而又不花钱,或花钱少的活动,将其注意力引导到其中的乐趣上。

细节15:家长不宜禁止孩子接触金钱

有一对夫妇打拼了半辈子,终于成为了当地数一数二的富裕家庭。他们清楚自己的成功是经历了多少辛劳才成就的,尤其是财富积累时的艰难。

有一天,妻子对丈夫说:"我们千万不能让女儿知道金钱社会黑暗的一面。"

丈夫点头答应了下来,从那天开始,夫妇俩谁也不和女儿提起有关于钱的事情,以至于女儿长到8岁的时候,连钱是什么都不知道。

一天,女孩偷偷溜出了家门,来到附近的一座公园里,看见里面有很多小朋友在玩,她也开心的加入了他们。

"咦?这个娃娃好漂亮,我要带回家玩。"玩着玩着,女孩看到一个小朋友旁边放着一个布娃娃,十分喜欢,就拿起来抱在了怀里。

娃娃的主人却一把夺了过来,对她说:"这是外婆给我买的,是我最喜欢的玩具,不能给你。"

"买的?我也要买,怎么买?"女孩问。

"用钱买的啊,那个超市里就有。"小朋友告诉她后,就快步跑开了。

女孩疑惑地走进超市里,果然看到很多玩具,她高兴地左拿一个,右抱一个,直到心满意足,手里再也拿不了东西后,才开心地走向超市门口,想把玩具全抱回家。

"小朋友,你爸爸妈妈呢?这些东西是要钱的。"超市的理货员拦住了她的去路。

她从没听说过玩具还要钱,见自己喜欢的东西不能带回家,哇哇地大声哭了出来。

上面这个故事看起来比较夸张,很多家长会想"哪有八岁的孩子不知道玩具是要买的呢?"但是它反映了这样一个事实:有不少的家长认为过早让孩子接触金钱对他不利,家长们往往不会和孩子谈钱的事儿,也反对孩子接触钱,"小孩子不能摸钱"这是他们常说的话。

家长之所以这样的想法是有两方面的原因:一是担心孩子过早接触钱,尝到了用钱买东西的甜头后,会喜欢上花钱而慢慢变坏;二是受传统思想的影响,在我国自古就有着"重文轻商""万事皆下品,惟有读书高"的意识,在倡导读书的同时轻视商人、金钱等。但是,这样的想法和做法并不利于对孩子进行财商启蒙,孩子也不能正确处理与经济相关的事情。那么,我们应该如何改变这种状况呢?

1. 主动和孩子谈钱,掌握财富教育的主动权

在国外,家长都会根据孩子所处的不同阶段而对其进行有针对性的财商教育,让孩子在生活中接触金钱,了解金钱,树立起正确的财富观。他们认为,孩子是社会中的一个成员,他早晚都会接触金钱,这是家长禁止不了的,而且单纯的禁止还会伤害孩子的求知欲,不如家长主动向孩子讲解这方面的知识,既能满足孩子的兴趣和求知需求,还能把握孩子的学习情况,发现问题能及时纠正。在我们的生活中,也可以参考西方家长的经验对孩子进行相应的财商教育。

2. 让孩子明白财富是我们人生的一部分

家长是不是还记得自己小时候的趣事儿呢?其中有一个就是那时的我们大都对成人的世界很好奇,总想探索研究一番,特别是对"钱"这个东西,不少人都感到

很稀奇很神秘。这既和那时家里的收入少,父母对仅有的收入很珍惜有关,也和父母不让我们过多接触它们有关。二三十过去了,那时的孩子已经为人父母了,我们在财富教育方面是不是应该更灵活,更倾听孩子的心声呢?对孩子来说,他们并不在意家里有多少钱,能买多少东西之类的,他们只是好奇。家长可以针对这个情况,大方地让孩子了解这一切相关的事物,让孩子明白:原来钱什么的和我们的衣服、呼吸的空气一样,都是生活的一部分,并没有多少神秘的,既不能过于看重它,也不能对其视而不见。

细节16:理财不等于吝啬

放学回家的梅梅一进家门就扑进了妈妈怀里,问妈妈:"妈妈,什么是理财啊?我们老师让我们做个理财计划,可上课的时候我没听懂,妈妈你知道什么是理财吗?"

妈妈想了想,觉得理财这个概念对梅梅来说有点太难,就用最简单的语言对她说:"理财就是节约、节俭,也就是钱要省着点花。"

"是吗?"梅梅歪着小脑袋想了想,突然像是想通了,高兴地对妈妈说:"妈妈,那我明天开始要省着点花钱,做个节约的好孩子。"

"嗯。梅梅真是妈妈的好女儿。"妈妈夸奖般拍了拍梅梅的头。

梅梅高兴地跑回自己的小屋儿,认真地做起了"理财计划"。

第二天,梅梅无精打采地回到了家,妈妈一开始没注意到她的异样,就问:"梅梅,妈妈让你买的酱油买回来没?"

原来,家里的酱油用完了,早上梅梅出门的时候,妈妈就把这项任务交给了她。可现在看她两手空空的,妈妈以为她忘记了,只好叹着气说:"哎,那我自己去买吧。"

"妈妈,我们以后能不能不吃酱油了?"梅梅突然拉住要出门的妈妈问。

"啊?"妈妈吓了一跳,问道:"为什么不吃酱油了?你不喜欢酱油味?"

"不是啊,我在想,反正盐和酱油都是咸的,咱们只吃盐就好了嘛,把买酱油的钱省下来多好,我今天把午饭的钱都省了下来呢。"

"傻孩子，怎么能连饭都不吃呢。"妈妈这才察觉可能是自己的教育出现了问题，赶紧跑进厨房给她做吃的去了。

在生活中，和故事中的小女孩梅梅的遭遇一样，家长遇到孩子问和理财相关的问题时，常常不经意地应付或者将自己最熟悉最重视的那些内容讲出来，而不考虑是否全面，孩子是否能理解和接受。当然，这个故事也带有一定的普遍性，就是很多家长在和孩子讲到理财时，首先而且着重提的就是"俭省"，其他的则讲的不多，即使如此，对"俭省"，家长有时也会讲解不清楚，讲的不全面，这就难免给孩子这样一种印象：理财就是省钱，越省钱说明理财效果越好，但是那么抠门多累人啊，还是敬而远之吧。导致孩子从心理上对"理财"不热衷，甚至有些畏惧和抵触了。那么，我们家长应该如何理解理财与节俭之间的关系，又该如何教育孩子呢？

1. 理财是量入为出，不是无原则的过分节省

理财专家认为，理财并不是一味的节省，更不是过度节俭到了吝啬的程度，它是对家庭财产按照"量入为出"的原则进行合理规划。在规划中，根据收入的多少和家庭的实际需求进行主次分配，对有限的资金进行合理优化后，以期达到用尽量少的钱办更多事儿的目的。同时，在理财中是要兼顾今天、明天和后天的消费和投资安排的。在理财中，第一个要求，也是最重要的要求是"确保资产安全"，即确保家里的收入不贬值，不受到意外损失，然后是如何在安全的前提下进行适当的投资选择以获得更多的回报。节俭，即积累资金是理财中非常重要的一个前期工作，没有它就不可能会有后面的一系列的理财行为，但是仅仅拼命节俭并不合理，尤其是以牺牲生活质量而攒钱就偏离了理财的初衷了。

这个道理不仅家长自己要能明白，还要让孩子也了解，以帮助其形成正确的理财观。

2. 家长应教孩子学会享受简单生活

理财和优质生活，尤其是享受生活的快乐并不冲突，在聪明的家长眼中，即使是比较节俭地生活，他们依然能把自己的家打理得温馨舒适，依然能和孩子一起寻找到生活的许多乐趣。曾有这样一对夫妻，虽然家庭收入平平，为了供孩子上学、还房贷等，日子过得比较紧张，但是他们不仅适当地为孩子办理了教育基金，给孩子一点点零用钱让她学着理财，还经常带孩子去野外、公园等地方，领略大自然的风光，还教孩子学会从自然中寻找乐趣，哪怕是一株野花，只要用放大镜，也能让孩子从中发现许多乐趣。这种探索性的、知识性的和开放式的生活体验，让孩子过

的更加快乐幸福，浑然不觉得生活多么艰苦。这说明只要家长拥有积极的心态，运用创造性思维，完全可以将财商教育做得生动活泼，令孩子更易于接受，而这种积极乐观的心态也会影响孩子的心情和世界观。

 细节17：家长应了解孩子的消费误区

欣欣拿到压岁钱后，高兴地对爸爸妈妈说："爸爸妈妈，老师说花钱要有计划，我一定好好利用这笔钱，做好计划，把它们用在刀刃上。"

爸爸妈妈见女儿竟然能说出这么一番大道理，高兴得直夸女儿长大了，懂事了，便把一部分压岁钱交给女儿自己处理了。

爸爸妈妈本以为女儿肯定会说到做到的，可没出一个月，女儿就低着头来向他们要钱了。

"妈妈，同学要过生日，我想给他买个生日礼物。"欣欣说。

"你不是有压岁钱吗？"妈妈问。

欣欣犹豫了一下，低声回答道："花完了。"

"啊？花完了？你不是说要有计划地花钱吗？爸爸妈妈相信你才没有帮你管压岁钱的。"妈妈吃惊地看向女儿，一开始还以为她在说谎，逗她玩，但见女儿那认真的、憋红的脸，她意识到女儿真的把压岁钱花光了。

"花哪去了？"她问。

女儿摇头，答："不知道。"

"怎么花的？"

"不知道。"

"那你的计划是怎么做的？"

欣欣这次不摇头了，很认真的看着妈妈，回答说："我是认真地做好计划，而且按照计划进行的。"

"那你的计划是什么？"妈妈问。

欣欣想了想，才回答道："每天就花10块钱。"见妈妈没反应，她又连忙回答道："可是很多时间花不了10块这么多，我想了很多方法，才把这些钱花出去的。"

培养孩子高财商的100个细节

"你……是这么做计划的?"妈妈哭笑不得。欣欣点点头,回答道:"不是妈妈说的吗?每天要买什么,要花多少钱,要做好计划,我觉得每天10块钱的花销不多不少正好,难道不对吗?"

此时,妈妈已经说不出话来了,看来女儿的消费观念有些错误啊。

故事中欣欣的想法真是够奇特的!居然想着法子地花钱,她将花钱要有规划要有计划理解成了"计划每天要花多少钱,那就要花出去"。这和她的父母、老师没有将道理讲清楚有关,也和欣欣的不动脑筋有关。更深层的是,在孩子的潜意识里,他们也会"选择性"接受师长的教诲,即对那些对他们有利的就比较重视,不利的或者比较难理解的就弃之一旁。对于这种情况,只要家长将道理给孩子讲清楚,然后再教其亲身体验下就能解决问题了。

更值得我们注意的是,上面的故事隐含了这样一样问题——我们家长应该更加关注孩子的消费观念和行为,发现不良情况应及时纠正。一般来说,孩子在有了零花钱后,对什么该买什么不该买没有清晰的判断。孩子的年龄还小,他们的判断能力比较较弱,往往会把自己喜欢的东西和自己需要的东西混淆,因此常向家长要钱买这买那。家长批评几句或者限制他零花钱往往效果不明显,这是没有发现孩子这种问题的根源所在。对此情况,家长只要帮孩子分清自己必需的和喜欢的,将需要购买的东西按照重要程度列一个表,优先购买最重要的东西并适当兼顾喜欢的即可。

第三章

财商培养,从教孩子认识钱币和储蓄起步

美国儿童教育专家研究发现,孩子在出生后至5岁是认识事物的能力和记忆能力快速发展阶段,孩子日后的特长往往和这个时期的家庭教育有关。所以,专家建议孩子的财商启蒙最好在这个时期,家长可以采取多种办法让孩子接触钱币、认识钱币,在玩耍中体验钱币的基本功能,然后就可以带孩子去附近的小商店,让他尝试实际交易了。

第三章　财商培养，从教孩子认识钱币和储蓄起步

 **细节18：在游戏中让孩子认识钱币**

小孔和翔翔今年都5岁了，可是两个孩子在金钱的认知上存在着很大的差异。比如，小孔能准确地认出各种面额的人民币，还知道一些常见商品的大概价位。翔翔就做不到这些，还经常把大面额人民币当成小面额的来花。问他为什么，他歪着头一副理所当然的样子回答道："颜色一样啊。"

看来，翔翔完全是从颜色上来认识事物的，只要颜色相近，他就以为是同一面额的人民币。

发生了几次这样的事情后，妈妈再也不敢让翔翔买东西和碰钱了。小孔妈妈见她这样，便对她说："你这样可不行，越不让孩子碰钱，孩子越没办法认识钱。"

"那该怎么办？"翔翔妈连忙向小孔妈取经，问她："你是用什么方法教小孔认识钱的？我用了很多方法，天天指着人民币告诉他这是1元钱，他都不懂。"

"哈！你肯定像只母老虎一样凶翔翔了吧。"小孔妈像是看透了一切，嘿嘿笑道："这样是不行的，只会吓到孩子，你应该在游戏中让孩子快乐地认识钱和钱币。"

"啊？在游戏中？真的假的？"翔翔妈难以置信地看向小孔妈妈，小孔妈妈认真地点了点头，说："孩子在什么时候记忆力最好，最能对其他事物产生印象呢？答案是对某样东西产生兴趣的时候。孩子在什么时候容易对事物产生兴趣呢？答案就是在玩耍和做游戏的过程中。"

"你还真像学者，说得头头是道。"翔翔妈取笑着她，不过心里却已经认同了她的话，决定从今天开始在陪翔翔玩游戏的时候试一试小孔妈妈的这个方法。

美国儿童教育专家研究发现，孩子在出生后至5岁期间是其认识事物的能力和记忆能力的快速发展阶段，孩子日后的特长往往和这个时期的家庭教育有关。也可以说，在孩子上小学前，家长给予他什么样的启蒙教育，他往往会牢记一生，而且在日后的成长过程中会对这方面继续加强。所以，专家建议孩子的财商启蒙最好也是在这个时期。家长可以采取多种办法让孩子接触钱币、认识钱币，在玩耍中体验钱币的基本功能。具体来说，家长可以分为以下三个步骤进行钱币知识介绍，然后

就可以带孩子去附近的小商店，让他尝试实际交易了。

1. 外观形象认识阶段

在孩子眼里任何有趣的东西都是他的玩具，只要能兴致勃勃地"玩"起来，他会很快了解这个东西。因此，家长可以在游戏中让孩子对钱币进行初步的认识，以避免枯燥的知识讲解让孩子厌烦。刚开始，家长可以拿出一些硬币让孩子玩耍，从最小的二分钱、五分钱、一角钱、到五角钱和一元钱的硬币，让他先玩起来。在玩耍中初步感受这些"玩具"的不同后，家长对他进行适当引导，比如区分不同硬币的大小、重量，再教他看这些硬币上不同的数字和图案，并告诉他这些都代表什么意思。需要注意的是，硬币都比较小，孩子在玩耍中很容易将其误吞，所以家长应全程陪同并教孩子不能将其放入嘴里，玩耍后家长应及时清点收好。

玩过硬币后，家长再拿出纸币让孩子"玩耍"。相对于硬币，这些花花绿绿的纸币更具有视觉诱惑力，更能吸引孩子的目光，玩起来也更有兴致。家长可以引导孩子认读纸币上的文字、数字、拼音，识别其上的图案，并给他讲这些钱币的来历等。需要注意的是，家长应教孩子爱护纸币，不能撕烂、涂抹、损坏它。

2. 钱币交换规则介绍阶段

当孩子对硬币和纸币都有所了解后，家长可以用游戏的方式教孩子区分这些钱币的大小，它们之间的交换规则等。比如，家长教孩子拿一元纸币换自己一个一元的硬币，或者换自己十个一角的硬币等等，让孩子初步体会到交换的多样性，同时在游戏中还能对其进行基础的数学计算训练，可谓一举多得。

这个阶段主要是对孩子进行更为规范的钱币交换教育，以及让他认识到这些钱币能换回什么东西，多少钱能买多少东西，建立起初步的"购买"和"价值"意识。

3. "买东西"游戏实习

家长在看到孩子能熟练地进行钱币之间的数值转换后，就可以和他进行模拟的购物游戏了。比如，家长拿一些彩笔、橡皮泥、皮球等等孩子常用的玩具，以及一堆零钱教他进行交换。拿两元钱换孩子一个彩笔，让孩子用一元钱换一块橡皮泥等。需要注意的，一是在玩耍中家长就要尽量用等值的东西教孩子玩交换，以培养起初步的"等值交换"意识；二是教孩子学着"讨价还价"以培养其"议价"意识。在孩子能熟练地进行模拟购物后，家长就可以带着他去实地练习了，比如和他一起去商店买玩具，让他和人进行交易，孩子这样的亲身体验和在家里玩游戏是不一样的，能更好地提升他对"钱币"和"买卖"的理解。

 细节 19： 教孩子正确识别假币

刚上小学的子涵涵今天接到了一个"重任"——帮妈妈买东西。

这可是他第一次帮妈妈买东西，心情自然紧张，手紧紧地握住妈妈给的钱，生怕它会突然飞跑似的。

"老……老板，我要一袋盐、一瓶醋。"他紧张的手心都冒出了细汗，说话的时候差点没咬着自己的舌头。

"哈哈……"小卖部老板看到他的糗样，忍不住笑了出来，他生气地撇了老板一眼，老板这才去给他拿盐和醋。

"小朋友，来，拿好你的东西。"老板笑呵呵地说道。

"给你钱！"他伸出手，把攥成一团皱巴巴的纸币放在了柜台上。

"来，找你钱！"小卖部老板把找的零钱放在了他的手心，呵呵笑道："以后要多帮妈妈买东西哦。"

涵涵根本没听清他说了什么，一溜烟就跑回了家，气喘吁吁地把找回的零钱交给了妈妈，"妈妈，我买回来了。"

"我儿子真能干。"妈妈高兴地摸了摸他头发，正要转身离开时，看着手心里的钱，感觉不对劲，"儿子，你怎么拿回来张假币啊。"

"啊？假……假的？"涵涵一下子呆住了。

教孩子识别假币，主要是对十元、二十元、五十元和一百元这四种纸币的鉴别知识学习。目前出现最多的是五十元和一百元的假币，而十元和二十元的假币做工往往很粗糙，很容易识别出来。另外，这些假币的认别常识大部分都相同，只要孩子学会后就可以分辨这几种纸币的真假。所以，家长可以将介绍的重点放在一百元的纸币上，下面我们拿2005年版的一百元人民币进行鉴别知识的介绍。

1. 了解人民币的特征

一百元人民币的主色调是红色的，它长 155 mm，宽 77 mm，正面的人物是毛主席的头像，头像的左侧有一条埋在纸币中的竖线，是全息磁性开窗安全线；头像的右侧有曲折的纹理，称手感线；右下方还有盲文标志。人民币正面的左上方是国徽

图案，其右侧有"中国人民银行"六个字，正面的左下方是用特殊的油墨印刷的数字"100"，代表是一百元的面额。人民币的背面中间位置是人民大会堂的图案，右上角一排是"中国人民银行"的汉语拼音，以及用蒙古语、藏语、维吾尔语、壮族语等四种少数民族文字写的"中国人民银行"几个字和"壹佰圆"字样。

2. 识别人民币上的防伪印记

识别真假人民币首先就要学会识别其上的防伪标记。它们主要有水印、防伪线、隐形数字和变色油墨四种标记。

看水印。家长教孩子拿起一百元的人民币，挡在眼前对着窗户看，就能看到纸币正面的左侧空白处有毛主席的侧面头像，这个头像不对着光线是看不出来的。在左下角的空白处还有个"100"的数字水印。真币的头像和数字做得很精致，栩栩如生，立体感很强，而假币要么没有这个水印，要么水印模糊，没有立体感。另外，家长可以告诉孩子，五十元的人民币上的水印是也是毛主席头像，二十元纸币上的水印是荷花，十元是月季花，五元的是水仙花，边讲解边给孩子这些不同面额的纸币，让孩子一一对光尝试辨认。

看防伪线。在纸币的之间部分有一条防伪线，它是可以变色的，用放大镜可以看出线上有"100"的数字。而在假币上，伪造的防伪线就不牢固的，容易脱落，上面的数字也不清楚，还有的甚至就是印上去的一条墨迹。

看变色油墨。纸币正面左下角的数字"100"，是用特殊的油墨印刷的，如果看的角度不同，其数字的颜色就会变化，而假币是没有这种功能的。

3. 用手触摸分辨真假币

人民币的一些图案，如国会、毛主席像等都是由凹凸不平的花纹构成的，还有盲人专用的盲点等，而假币上一般没有这些特点，正面反面都比较平滑。

4. 听声音分辨真假币

人民币的纸张比较挺括，用手弹的时候，会听到比较清亮的声音，而且纸张不容易撕烂，耐浸泡；而假币不是太薄就是过厚，纸张也比较软，纸面容易磨得起毛，图案也容易模糊。

细节20：让孩子从外币中学到货币知识

春节的时候，小米收到了不少压岁钱，当他一一整理这些压岁钱的时候，却发现，里面掺了几张他不认识的"纸片"。

"怎么会有纸片呢？肯定是哪个亲戚抠门，往钱里塞纸了。"他气呼呼的想着，随手就把"纸片"们扔进了垃圾框。

没一会儿，妈妈进来拿换洗衣服，不小心瞥到了垃圾框里花花绿绿的"纸片"，她赶紧跑过去捡了出来，对儿子说："小米，你怎么把钱都扔了。"

"啊？钱？钱我都收好了啊。"

"那这是什么？"

"不是废纸吗？不知道哪个亲戚这么小气，竟然往钱里塞纸充数，真讨厌。"

"……儿子啊……"小米妈妈哭笑不得，甩着手里的"纸片"们笑道："这些可是钱啊，外币，懂吗？"

"不懂……"小米老实地回答道。

"这些可是美元，比人民币值钱多了，你竟然把它们都扔了，哎，真是个傻孩子。"

"啊？那么值钱？那还给我，妈妈快还给我。"他赶紧跳起来去抢妈妈手里的美元，妈妈笑着还给了他，趁机问道："那你知道这些钱该怎么花吗？还有，1美元等于多少人民币，你知道吗？"

"……不知道。要不然，妈妈你帮我存起来吧，我要用的时候，你再换成人民币给我。"小米提议，但妈妈却摇摇头，说道："这可不行，不懂的知识就要学，不能当缩头乌龟。今天呢，妈妈就给你讲一讲美元的故事，以后再慢慢给你讲其他外币的故事，好吗？"

"好啊，妈妈快告诉我，美元为什么比人民币值钱。"小米高兴地扑进了妈妈怀里。

在十几年前，外币对家长们来说还是个稀罕事物呢，寻常情况下接触不到它们，更别说孩子了，但是如今，小小的孩子就能收到外币"礼物"，特别是故事中提到的逢年过节的时候，在一些大城市的家庭或者海外有亲友的家庭经常会收到他们给孩子的压岁钱。

他们给孩子这样的压岁钱，虽然数额不大，但往往让孩子惊喜不已——在国内比较稀少，拿出去在朋友面前也有面子，但是，怎么花他们呢？这也是不少孩子挠头的事情，除了很小面额的外币可以作为收藏外，其他的换为人民币才能花。

对于家长来说，考虑的就不是这么简单了。他们可以以此为机会，对孩子进行扩大版的财商教育——介绍外国的钱币和知识以激起孩子的兴趣，扩大其知识面。

1. 给孩子介绍外币所在国的常识

对孩子来说，如果家长单纯地给你介绍"这是美元，在中国不能用""这是日元，相当于人民币×××元"等等，是没有什么吸引力的，他们只会感到"稀罕一下"而已。如果家长扩大介绍范围，从财富教育的角度入手，用孩子喜闻乐见的方式讲述，效果就会大不同了。比如，当孩子收到美元的压岁钱时，家长可以给孩子说"儿子，你知道这是美元了，也知道数额是多少了，但你知道这纸币上的人像是谁吗？你了解他的传奇经历吗"然后给孩子讲华盛顿的故事，让孩子明白他和毛主席一样都是伟人，再由这个人扩展到，"为什么叫美元""其他国家的钱币叫什么名字""美元为什么不能在中国用"等等，家长也可以鼓励孩子自己查找资料研究，甚至还可以让他学习其上印刷的英文，进而和其他国家外币比较等等。

2. 教孩子怎么样兑换外币

在孩子对外币"研究"透彻后，家长可以引导他收藏几张不同面额的外币，剩下的再去兑换成人民币，这个时候，家长可以告诉孩子"时间不同，你的外币换成的人民币数量也不同"，引导孩子观察外汇牌价，指导他选择对自己有利的时机进行兑换。在兑换的时候，家长带着孩子一起去中国银行办理兑换业务，让孩子亲身感受兑换的过程，并及时回答他的疑问，这样的实践教育比对孩子单纯地说理和介绍要更有效果。

 **细节 21：让孩子明白钱是从哪来的**

小王夫妻是高档写字楼里的白领，因为挣钱比较多，所以儿子胖胖手里从没少过钱。久而久之，小王发现，儿子变得很能花钱，几天就能花掉小一千，一个月"消灭"四五千那就是家常饭菜。

第三章 财商培养，从教孩子认识钱币和储蓄起步

对于这一状况，小王感到很担忧：现在他们能挣钱所以无所谓，万一哪天，他们不能挣这么多钱供孩子花了，那可怎么办？

所以他就把儿子胖胖叫到身边，对他说："儿子，你知道钱是从哪来的吗？"

"我知道！"胖胖很干脆地回答道："当然是爸爸从取款机里取出来的。"

"那为什么爸爸能从取款机里取出钱呢？"小王又问。

儿子想了想，回答道："因为有银行卡啊。"

"有银行卡就能从银行取钱？"爸爸再问。

小王很痛快地点头说道："小伙伴说过，现在我们还小，不能有银行卡，等我们长大了，也就能从银行里取钱了。"

"……"小王哑口无言，看来真的很有必要对孩子进行一下再教育，告诉孩子，钱到底是从哪来的。

可当他正要开口时，却听到儿子神神秘秘地对他说："前两天在学校里，还有人说，钱是从厕所马桶里漂出来的。哈哈，太逗了。"

"发生了什么事呢？"小王耐着性子问。

儿子笑得直不起腰来，对他说："原来，是有人上厕所没带手纸，就用百元大纱擦屁股了，然后水冲不下去，钞票又漂了上来，被其他同学发现了，哈哈哈……"

听到儿子这些话，小王惊出一身冷汗来，没想到在网上看到的"炫富"行为，竟然真的发生在自己身边，而且还是正处于学习阶段的儿子身边，这可不得了，看来，他得尽快纠正儿子对钱的认识。

生活中，对家中钱的来源不清楚的孩子有很多。在去年，我国儿童教育专家曾在北京、上海、广州等地做了一个家庭教育方面的调查，发现许多家庭中的六岁以前的孩子对"家里的钱是从哪里来的？"这个问题没有正确的回答，有的说是"从爸爸口袋里拿出来的"，有的说"家里本来就有"等等，真正回答"是爸爸妈妈上班挣得"的只有三分之一。这说明，在孩子的启蒙教育中，家长忽视了对其进行相应的财富教育，特别是"财富来源于何处"这个问题没有给孩子讲清楚。在生活中，家长可以从以下方面对孩子进行教育。

1. 让孩子知道钱是工作挣来的

家长可以在日常中告诉孩子"爸爸去上班了，只有工作才能挣到钱，才能给你买喜欢的娃哈哈""我们家里的所有东西，都是爸爸妈妈辛苦工作挣来的"，让孩子产生初步的印象。当孩子对这个问题感兴趣后，家长可以在回答其问题的同时，

多介绍自己的工作内容，让孩子能有更深的印象。这也为家长日后教育孩子热爱劳动，自己独立挣钱奠定基础。

2. 让孩子知道父母劳动所得的辛苦

家庭中，父母可以引导孩子，让他明白父母一个月大概能挣多少钱，而这些钱又能用来办哪些事情。比如，可以告诉孩子家里的一切开支都要从父母的薪水中支出，而父母挣这些钱需要付出哪些努力。这时，父母可以给孩子做形象的对比，如孩子学习英文一个小时就累了，打扫屋里的卫生十几分钟就不耐烦了等，和这些相比，爸爸妈妈每天要工作几倍十几倍于其的时间，而且工作不好还要被批评、甚至扣工资等等。通过这些形象的事例，孩子才会明白"原来爸爸妈妈每天要忙那么久，那么累，我应该体贴他们"。如果方便的话，家长可以带孩子去自己的工作地方看看，让孩子实际了解父母的工作情况，既能开阔眼界，又能加深对父母劳动辛苦的理解，还有利于以后对孩子进行节俭教育。

细节 22：给孩子一个储钱罐

仔仔马上就要过5岁生日了，妈妈对他说："儿子，妈妈今年送你一件有意义的特殊礼物，怎么样？"

"是什么？"仔仔高兴的问。

"存钱罐！这样，你就能把自己的零花钱存起来，用来买更多更有用的好东西。好不好？"妈妈拉着他的手问。

其实仔仔早就想要一个存钱罐，只不过怕妈妈不同意，而且自己的零花钱也不多，所以一直没开口，现在听到妈妈的话，当然很高兴的就答应了下来。

于是第二天，仔仔和妈妈一起，去超市选购喜欢的存钱罐了。

"这个怎么样？粉粉的小猫，多可爱。"妈妈指着一个粉色小猫形状的存钱罐问仔仔，仔仔摇摇头，说道："粉色是女孩子们喜欢的颜色，男孩子喜欢更酷的样子。"

"更酷的啊……"妈妈在货架上扫来扫去，看见一款变形金刚的存钱罐，高兴地拿了过来，对仔仔说："这个怎么样，很酷吧！"

"可是……我不喜欢……"仔仔低下头,轻摇了两下。

妈妈没办法,只好让他自己在货架上寻找自己喜欢的存钱罐,可看了半天,仔仔都没找到自己喜欢的。

"妈妈,这里没有我喜欢的。"仔仔撅着小嘴说道。

"那我们去别的超市。"妈妈没有生气,拉着他的手就带他去其他超市选购了。

谁知道,天都黑了,他们都没选好一个小小的存钱罐。

"都没喜欢的?这可怎么办啊。"妈妈苦恼的问:"仔仔,你到底喜欢什么样的存钱罐?"

"这个嘛……我也说不清楚,知道大概是什么样的,就是形容不上来。"仔仔有些怯怯的说道。

"知道,却说不出来?那如果让你自己做,能做出来吗?"妈妈突然想到一个好主意。

仔仔坚定的点点头,高兴的回答道:"肯定能做出来的。"

有了儿子肯定的回答,妈妈大手一挥,宣布道:"那我们回家,自己做存钱罐去!"

在孩子到了四五岁,对金钱有了基本的了解后,家长可以适当给他点儿零花钱,让他自己做主怎么花。同时家长也要给他一个存钱罐,教他逐渐养成存钱的习惯。存钱罐对孩子来说,既是他的玩具又是他的"聚宝盆",是他自己的财富的象征,更是培养孩子正确理财,锻炼财商的起点。在孩子的儿童岁月中,用存钱罐的方式,能让他早早接受"控制花钱的欲望"的训练,形成正确的理财心态有着很大的帮助。在生活中,家长给孩子存钱罐也是有技巧的。

1. 和孩子一起动手做一个存钱罐

市场上有很多儿童存钱罐,做工很精致,价格也高低各不同,不少家长都是给孩子买一个作为礼物送给他,或是让他挑一个。但是,既然是培养孩子的理财意识,我们不妨做的更彻底些,只要孩子喜欢,大可动手给他做一个充满个性的存钱罐,说不定孩子的存钱动力更足呢。在做存钱罐时,家长最好让孩子也参与进来,充分参考他的意见,让他体会到动手"制作"东西的乐趣和成就感,还能强化他"存钱"的意识。

2. 鼓励孩子把零用钱存起来

在孩子有了存钱罐后,家长应多加鼓励孩子存钱,家长自己的一些零钱也可以存进去,给孩子一个表率,让其明白"并不是我一个人在存钱,爸爸妈妈也在存钱"。在鼓励孩子存钱时，家长可以采取以下几个方法：一是当看到孩子的存钱行为时，要不吝表扬之语，让他得到父母的认可；二是给孩子讲名人存钱的故事，或者身边其他小朋友存钱的事例，让他明白自己可以比他人做的更好；三是在孩子用零花钱买东西时，父母可以建议他合理配置自己的钱，剩下一部分存起来，而不是一下子全部花完。

3. 允许孩子用其中的一部分买自己喜欢的东西

存钱，并不意味着只存不花，那样的话，孩子就会减少存钱的动力，也会对理财等失去兴趣。家长可以和孩子商量，当他存到一定数量后，可以从中取出一部分买喜欢的东西，特别是平时零钱买不了的稍贵些的东西。让孩子在存钱中尝到"甜头"，才能鼓励他坚持下去，逐渐形成习惯。

 **细节23：让孩子知道什么是银行**

妈妈要去银行取钱，小涛早就想去银行瞧瞧了，便缠着妈妈要跟着一块去。妈妈磨不过他，只好答应了下来，拿上银行卡和背包，带着他出了门。

来到银行，小涛看着里面觉得什么都是那么好奇，便东摸摸，西看看，像只小老鼠一样来回窜。

"儿子，咱们该回家了。"妈妈很快就取好了钱，叫小涛回家，小涛还没看过瘾呢，怎么肯回去，最后妈妈问他："你对银行这么好奇，那知道银行是怎么产生的吗？"

小涛摇摇头，问妈妈："那妈妈知道吗？妈妈给我讲讲银行的来历好不好？"

"好，不过你得跟妈妈回家，回家的路上，妈妈边走边给你讲，行吗？"妈妈问道。

小涛重重地点了几下头，见儿子终于肯跟她回去了，妈妈松了口气的同时，开始讲故事了。

妈妈说："在很早很早的时候，普通老百姓成为了有钱的商人后，会把钱存放在国王的金库里，因为这样，他们的金子就会得到国王的保护，安全了很多。但是这些商人忘记了一件事情，那就是，金库是属于国王的，如果国王要使用自己金库里的黄金，商人们是阻止不了的。"

"后来，商人们的国家发生了战争，为了筹措军费，国王征用了商人们的黄金，虽然最后国王把这些黄金还给了商人们，但商人们觉得再把自己的钱放在国王那里已经不安全了。"

"于是他们开始寻找新的存放黄金的方法，这时候，一个金匠站了出来，说：'商人们啊，你们可以把钱放在我这里，我写下凭证给你们，然后你们把黄金存放在我这里，怎么样？'"

"商人们很信任这个金匠，觉得这是个好主意，于是就同意了金匠的意见，从那以后，商人们凭借着手里的凭证开始在金匠那里存钱、取钱。"

"后来，聪明的商人们又发现，其实他们根本不需要把钱从金匠那里取出来，直接用金匠的凭证和其他商人交易就可以了。"

"于是，银行就这样产生了。"

"银行原来是为了方便商人们保存金子和交易才产生的啊。"听完故事后，小涛先是沉默了一会儿，接着抬起头，用明亮的眼睛看向妈妈，说道："妈妈，这么说来，是那些商人造福了我们，把钱存在银行里，花的时候再取出来，多方便啊。"

妈妈笑着点了点他的额头，算是默认了他的话，他高兴地在路上一蹦三跳，惹得路人不时发出笑声。

美国教育学家认为，孩子在五六岁以后，自主意识大为增强，喜欢探索周围的事物，一些在家长看来毫无生趣的东西，都能让孩子乐呵呵地玩上好久；同时，孩子还对成人的世界十分感兴趣，总想和家长在一起，看看他们在做什么，也想自己尝试去做做。孩子的这些努力在家长看来往往是"捣乱""孩子的一时好奇而已"，如果我们能像故事中的家长那样对孩子进行合理引导，对培养他的财商有着莫大的好处。其中，对孩子进行粗浅的银行经济知识讲解就显得很有必要了，毕竟我们的生活中处处都有银行的影子，而孩子也总会问到和银行相关的问题。

1. 给孩子讲我国的钱庄的故事

在初期对孩子进行财商培养时，给孩子讲解和理财、财富观念相关的知识是次要的，主要是让孩子对这方面产生兴趣，激发他自主探索的欲望。所以，如果一开始家长就讲银行的术语，肯定会吓跑孩子的。不如就给孩子讲讲我国古代钱庄的故事，这和本节开篇西方银行产生的故事一样，让孩子听起来很有趣，又在故事中记住了和"钱"有关的许多知识。待孩子听过故事后提问的时候，家长就可以自然引出下文了。

2. 给孩子讲银行的主要作用

有上面的铺垫后，家长就可以给孩子介绍银行了。银行的功能很多，其职能也很复杂，一般成人看了一时半会儿都不会弄明白的，更别说几岁的孩子了。因此，我们只要把最基本的知识告诉孩子就行，其他的就等孩子以后慢慢进阶"研究"吧。

家长可以这样给孩子说："简单来说呢，银行就像是你的存钱罐，可以往里存钱，也可以从中取钱，当千千万万个我们这样的家庭有比较多的钱，临时用不着，放在家里又担心被偷，所以我们就存到银行里啦！"家长还可以说："存到银行里，还有好多好处啊，比如得到利息啊，去外地也方便存取啊等等，这些我们可以在以后慢慢讲。"

3. 给孩子讲银行的分类

在孩子了解了银行的基本作用后，家长可以进一步教孩子认识不同的银行。我们身边有工商银行、农业银行、建设银行、邮政储蓄、人民银行等等，这些银行有什么区别呢？家长也可以告诉他这些知识。

另外，家长还可以和孩子一起，对这些不同银行的名字、拼音、标志、颜色、发行的银行卡的不同等进行分辨，用找不同的游戏式方式，更深入地了解这些常见的银行。

4. 给孩子介绍网上银行

在介绍银行时候，家长还要告诉孩子，现在除了商业街两旁的银行外，他们还在网上也开通了自己的网站，很多业务都可以在网上办理，非常方便。家长可以边介绍边打开几个银行的网站给孩子看，让他操作点击网站里的介绍，多增加些感性了解。

 细节24：给孩子开一个银行账户

周末的一天，孙女士正在家里洗衣服的时候，儿子江书来到了她身边，从兜里拿出一个信封，对她说："妈妈，这个怎么处理啊。"

妈妈好奇的接过信封一看，竟然是一沓钱。

第三章　财商培养，从教孩子认识钱币和储蓄起步

"从哪来的？"孙女士问道。

江书眨了眨眼，歪着脖子回答道："我这一年赚下来的零花钱啊，我数了数，一共有七百多块呢，怎么办？"

"那你就继续存着啊。"妈妈想起来，一年前8岁的儿子确实说过要开始存钱了，没想到还真的做到了。

因为之前答应过儿子，他自己的钱父母不能代替保管，所以妈妈又把这个信封还给了儿子，可儿子却苦恼了起来，对她说："但是我存钱罐里装不下了，同学说，纸币放的时间长了，会长虫子的，我可不想我的血汗钱被虫子吃掉。"

"这样啊……"妈妈想了想，突然想起昨天看报纸的时候，有一篇报道，说的是一位母亲帮自己的女儿在银行开户的事情，她何不借鉴一下呢？

于是，她兴奋的对儿子说："儿子，我们去银行，把钱存起来吧。"

"啊？我不要存在爸爸妈妈的银行卡里。"江书赶紧把信封护在胸口，妈妈见了，笑话道："妈妈又没说要你的钱，是帮你开个户头，用你的名字，把你的钱存起来，怎么样？"

"真的可以吗？妈妈，快带我去吧。"儿子高兴地跳了起来。

在妈妈的带领下，江书走进了银行，先是在妈妈银行工作人员的指导下，大概参观了一下银行，然后妈妈带着他填了表格，递交给银行工作人员，短短几分钟后，一张崭新的银行卡就被送进了他的手里。

"妈妈，我也有银行卡了。"江书高兴地喊道。

理财教育不仅是一种财产管理分配的教育，在很大程度上还是人格、品德和诚信的教育。从小注重孩子财商的启蒙，培养孩子良好的理财观念和习惯，提早开立孩子人生中的第一个账户必将影响和改变孩子的一生。

在理财教育方面，外国已经远远走在了我们的前面。英国人的理财教育理念是提倡理性消费，鼓励精打细算，而且儿童储蓄账户越来越流行。许多银行都为16岁以下的孩子开设了特别账户，有近一半的孩子将他们的钱存入了银行。更值得称道的是，英国教育部门还规定，储蓄和理财是中小学的的必修课，每个学生都必须学习如果管理自己的财富。在我国，就只能依靠家长对孩子进行财商教育了。那么，我们应该怎样开立儿童银行账户呢？

这里我们就以常用到的工商银行的牡丹灵通卡为例来说明。作为未成年人，儿童不具备完全行为能力，不能单独到银行处理个人事务，所以需要家长（即监护人）的协助开立银行账户。监护人可以携带本人身份证件和儿童户口本（或身份

证）到工商银行营业网点申请办理开立牡丹灵通卡。这种银行卡是一种功能全面升级、增强型的多功能银行卡，不仅可以办理活期存款、直接存入各种存期的定期存款，还可以提供个人结算、电子银行、投资理财以及各种日常便利服务。

1. 教孩子了解银行的办理程序和"规矩"

家长带着孩子去银行开办账户时，可以给孩子讲解眼前看到的一切。让孩子了解去银行办理业务要先填写相应的表格，要在排队机上取号，要在一米线外等待，要注意保管好自己的财务等等，家长都可以拿来对孩子讲。这些看似无用的小事情更能引起孩子的注意力，也会让他们对银行有个初步的了解，要比单纯地讲解金融知识有趣的多。

2. 让孩子在使用银行卡中了解相关知识

在办理好账户后，家长把孩子的卡交给他，让他妥善装好并保护好自己的密码。然后，家长和孩子一起去银行大厅里的自助服务区，教孩子认识、了解这些机器的功能，如自动取款机、自动存取款机、存折登录机等等，以增添孩子对银行业务的好奇心，并给孩子讲解一些常见的金融骗子的故事和他们的手法，让孩子能有初步的印象，知道如何保护自己。

细节25：让孩子了解利息的概念

小艺从一本杂志上看到这样一篇报道，讲的是20多年以前"中国第一股民"——杨百万的事情。

杂志上说：杨百万虽然通过炒股成为了富翁，但是他却把炒股看作是自己的"宠物"。他说："我并不靠炒股赚钱，这不是我的目的。"

原来，他把炒股赚来的钱全部存进了银行，想在自己步入晚年后，靠银行的利息度日。

小艺看完报道后，很纳闷：什么是利息呢？银行利息有那么高吗？

抱着这样的疑问，她找到了爸爸，问爸爸："爸爸，杨百万把所有钱都存进银行里，真的能拿到很多利息吗？"

"当然能。"爸爸扫了眼那篇文章，肯定地说道："吃银行利息的行为，是比较让人安心的经济收益，基本来说是没有任何风险的，比做生意或者是炒股有保障多了。"

"那什么是利息呢？"小艺又问。

爸爸想了想，回答道："比如说，爸爸和别人借了1000元，每天利息是1元的话，借10年利息就是3650元，比借的钱还多，利息是不是很赚钱？"

"哇……"小艺惊讶的张大了嘴，爸爸又继续说道："当然啦，银行的利息是有一定计算公式的，存的钱越多，最后得到的利息也就越多。"

"那我以后有钱了，也全存进银行里拿利息。嘿嘿……赚更多的钱……"小艺虽然还是没太明白爸爸的话，但仍嘿嘿笑道。

在给孩子讲解银行和储蓄等基本的理财常识时，总绕不过这样一个名词——利息。在孩子问为什么要将我们的钱存到银行时，家长就可以趁机将利息讲出来：它就是银行给我们的报酬呢，因为我们将自己的钱"借"给银行了，它拿着我们的钱去"做生意"赚钱，所以要给我们报酬啦！那么，到底银行给我们多少报酬（利息）呢？这就涉及的面比较广了，当我们借给银行的钱越多，时间越长的时候，我们得到的报酬也就越多。这个报酬大致有一个公式可以计算出来：利息＝本金×利率×时间×100%。在这里给孩子讲一下也不多，因为在小学四五年级，就会有这方面的数学应用题。

1. 给孩子介绍常见的利息

家长可以告诉孩子利息是和储蓄类型相关联的，即不同种类的储蓄其利息是不同的。

我们常见的储蓄有活期存款、定期存款、定活两便、协定存款等。那么，哪种储蓄方式的利息最多呢？

其中，因为活期存款对我们储户来说是很方便的，但是银行用起来就不方便了，所以它的利率较低，利息也较少。而定期存款就不同了，它是我们和银行的一种约定，一般是每隔一定时期往账户里存一定的钱，而且是要存够一定时期才能取出的，所以它的利率较高，大概是活期储蓄利率的六倍左右。而定期存款有分为整存整取、零存整取、整存零取、存本取息等四种。所以，家长可以教孩子逐步了解这些存款方式和利息的计算方式，引导孩子选择更有利的储蓄方式。同时，这也是锻炼孩子数学计算的一种很好的方式。

2. 通过利息告诉孩子"积少成多"的道理

在给孩子讲解和利息有关的话题时，孩子往往会有这样的反应：一千元钱存一个月才那么点儿的利息，太少了。家长可以借此机会告诉孩子这样的道理：不积跬步无以至千里，不积小流无以成江海。利息虽然少，但都是一点一点积累起来的，想要一口吃个大胖子是不可能的。还可以拿孩子日常往存钱罐里存零钱的事情教育孩子，让他明白财富是一点一滴积累起来的，我们要从小事做起，要认真做事。

细节26：让孩子明白复利的威力和原子弹一样大

爸爸一直想对儿子进行一些财商教育，正好电视里正在播放一则经济新闻，讲的是关于复利的案例。儿子听得不是太明白，就问爸爸："爸爸，什么是复利？"

爸爸听到儿子的问题，夸张地比划了一个爆炸的形状，说道："复利，那可是比原子弹爆炸还要有威力的东西哦。"

"哇……这么厉害？"儿子抱住头大声喊道。不过他还是没明白到底什么是复利，就疑惑的看向爸爸，爸爸就对他说："爸爸给你讲一个发生在法国和卢森堡这两个国家的故事吧。"

儿子连连点头，爸爸就开讲了：上世纪80年代，欧洲国家卢森堡向法国提出一个令人吃惊的要求。卢森堡希望法国能够把欠了一百多年的玫瑰花的钱还给自己。事情的原因是这样的：在18世纪时期，法国皇帝拿破仑在访问卢森堡时参观了一所学校，并送给学校领导人一束玫瑰花。当时，这束玫瑰花的价值大约三个金币。拿破仑说今后每年都会派人给这所学校送玫瑰花。几年之后，拿破仑忘记了这件事情。到了上世纪80年代，卢森堡政府按照拿破仑时期玫瑰花的价值计算并加上相应的利息，以复利的方式计算得出这笔钱款金额是一百多万法郎。这笔款项的数额不禁让法国官员大吃一惊，也成为世界各国媒体关注的焦点。

在前面的文章中，我们已经讲过了对孩子进行理财教育时要介绍的一些基本的知识，也讲到了利息和其作用，但仅仅讲这些还不够，家长还需要把一个重要的理财概念告诉孩子，那就是复利。"复利"这个词在国外，尤其是欧美国家深入人心，就连上小学、中学的孩子也对它能讲出一二三来。这不仅仅是因为欧美国家的学校重视对孩子的财商教育，还源于复利的易学易掌握的特点，以及一位名人的一句话"复利的威力堪比原子弹！"，这个人就是大名鼎鼎的爱因斯坦。就连一生痴迷于科学研究的爱因斯坦都明白复利的好处，可见它确实对人们的理财致富有很大的帮助,尤其是对初入门学习理财和对孩子进行理财教育时,是一个很好的切入点。那么,我们在对孩子进行"复利"的教育时,还需要注意哪些问题呢?

1. 让孩子明白复利的基本内容

复利的概念其实很简单,只要让孩子把握住一点"在第一年存下的钱,第二年时把利息也算入本金中,再继续储蓄获利"即可,这样的储蓄理财方式的好处是本金会越来越多,而每年的利息额也会越来越多。在讲解的时候,家长给孩子举个实际的例子:比如你现在往银行存入100元钱,年利率是10%,那么一年后无论您用单利还是复利计算利息,本息合计是一样的,全是110元。但到了第二年差别就出来了,如果用单利计算利息,第二年的本息合计就是120元;可复利就不一样了,第二年的本息合计成了121元已比单利计算的多了1元钱,如果本金或利率再大一点,年限再长一些,差距之大可想而知!(复利公式=本金×(1+利率))

2. 让孩子亲身存款体验

明白了这个道理后,家长可以让孩子亲手尝试下这种储蓄方式,具体方法可以这样做:

即教孩子在银行办理存款时选择这种计息方式,告诉孩子,在一年后存款到期时,银行就会自动将你的存款和利息都算到本金里,再从新开始计算利息。到时如果你手中也有余钱想存进去的话,就到银行里把它们存在一起,办理下手续。当然,这个需要一年以后才行呢,为了满足孩子的体验感,家长可以将自己某一即将到期的这种计息账户,让孩子实际操作体会一下。

3. 教孩子明白时间对财富积累的作用

在孩子了解复利的知识后,往往会因为这种方式需要时间比较长,而很快将其忽略,毕竟对于孩子来说,他们的兴趣很快就会转移。这时,家长就可以对其进行有针对性的引导了,即我们了解这些知识不能单单地用在理财上,"复利"的理念可以用在好多地方呢,比如学习、特长的积累,都有和复利类似的特点。而且,"复利"之中蕴含的最重要的一点就是时间,只有经过长期的积累才能收到令人惊喜的回报。因此,家长也可以教育孩子做事情要能长期坚持,这也是开拓孩子思维、激励其积极向上的一个较好的方式。

 细节27：让孩子明白为什么有时候存钱还会赔钱

爸爸正在和来家里作客的叔叔聊天。叔叔有些愁眉苦脸地对爸爸说："哎，现在经济真不景气，把钱存到银行里，真是越来越不行算了。"

"就是啊，就担心哪天一个通货膨胀，利息吃不上，反倒赔钱了。"爸爸也附和道。

这时候，在旁边一直听他们聊天的儿子忍不住插嘴问道："把钱存进银行，不是能赚到利息吗？怎么还会赔钱呢，爸爸又乱说话了。"

"儿子，你这就不懂了。"爸爸把儿子拉过来，抱在大腿上，和蔼可亲地说道："因为我们的钱还要和世界接轨，从国际的角度来衡量。比如，低值的币种突然涨值了，或者是高值的币种突然降值了。这些情况发生的时候，都能影响到人民币的价值，如果人民币的价值降低了，虽然我们银行里还是存了那么多钱，但从某种意义上来说我们拥有的钱还是变少了，你能明白吗？"

"嗯……"儿子想了想，回答道："是不是如果我和叔叔每人拿着一个苹果，如果我的苹果变大了，叔叔的看起来就会变小，而我的变小的话，叔叔的就会变大？"

爸爸虽然觉得儿子说的也不是特别准确，但能理解到这种程度，在他这个年龄来说已经可以了，所以就点头称是。儿子便撅起小嘴，苦恼地说道："那看来，把钱存到银行也不是一件百分百赚钱的事情啊，哎……"

孩子在明白银行存款、利息等理财常识后，在生活中还会遇到人们谈论"钱不值钱了""钱又贬值了""把钱存银行不划算"等说法，这会让孩子产生疑惑：爸爸妈妈不是说把钱存银行会有利息，如果是复利的话，时间长了还会多好多钱吗，怎么一转眼又说钱存银行不合适了呢？

对于孩子的这种疑问，家长应及时告诉他，"凡事都有意外"，而理财和存钱也是一样，前面讲的利息，存款增长等等都是在正常、理想的情况下的，但是，在通货膨胀率高过银行利率的时候，其实钱已经在"缩水"了。我们可以用下面的方式让孩子明白这个道理。

第三章 财商培养，从教孩子认识钱币和储蓄起步

1. 向孩子解释什么是通货膨胀

通货膨胀是指在纸币流通条件下，因货币供给大于货币实际需求，即现实购买力大于产出供给，导致货币贬值而引起的一段时间内物价持续而普遍地上涨现象。其实质是社会总需求大于社会总供给（供远小于求）。纸币、含金量低的铸币、信用货币过度发行都会导致通胀。这样的概念比较复杂，直接给孩子讲会不容易理解，我们可以用实际例子给孩子讲：我们买东西都要用钱，而钱又是国家给印出来的，通过银行发行给我们的，本来我们用一百元钱能买同等价值的东西，可是国家印刷的钱多的时候，而东西还是那些没有同样增加，我们买这些东西就要花去更多的钱，这就是通货膨胀。通货膨胀率的高低是纸币是否泛滥的标志，当它比银行利率高的时候，我们在银行存钱其实就不合适了。

2. 让孩子从中明白：要学会跳出圈子看事情

给孩子讲这负利率的事情，我们的目的是让他明白这样一个道理：我们做每件事情前都是需要多方考虑的，把和它有关的有影响的因素都考虑在内才行，不然就会出现兴冲冲地存钱最后发现并没有获利甚至还赔钱的情况。即教孩子学会用全面的眼光看事情，能跳出事情本身去看事情，这不但有助于孩子能正确地理财，还能培养孩子的大局观和良好的心态。

 **细节28：教孩子用别人的钱办自己的事儿**

小永的爸爸妈妈想把爷爷奶奶接来一起住，就商量着要换一套大房子。他们连看了几个星期，终于在市区看上了一套户型和价位都不错的房子，所以在周末的时候，他们便带着小永一起来到了银行。

"妈妈，我们不是要买房子吗？怎么会来银行呢？"小永好奇的问："是来取钱吗？"

"虽然我们把原来的房子卖了，但还是不够买现在的房子，所以，我们现在是来银行贷款的。"爸爸回答道。

小永不明白贷款是什么东西，便歪着脑袋问："贷款？是做什么的？"

"就是把别人存在银行的钱先借过来，用这些钱来买房子，等到我们有钱的时

候，再一点点把钱还给银行就行了。"爸爸拍拍他的肩膀，解释道。

"拿别人的钱做自己的事儿？"小永惊讶的瞪大了双眼，看向爸爸，问："这样可以吗？会不会不太好？万一我们还不出钱怎么办？"

"爸爸妈妈每天努力工作，一定会把钱还清的。"妈妈微笑着说道："其实，咱们现在住的小房子就是贷款买的，虽然那时候钱不够，但是比较便宜，所以爸爸妈妈决定贷款也要买下来，按月还贷，也不是很辛苦啊，没几年就还清了，现在不是一样住的好好的。"

"而且，当初咱们买的那么便宜，现在倒手卖出去，还赚了不少钱呢，能用别人的钱获得这么多好处，这么划算的事情，何乐而不为呢。"妈妈冲着他眨眨眼睛笑着说道。

小永虽然还是有些不安心，但想想爸爸妈妈说的确实很有道理，就老老实实地闭上了嘴，跟在爸爸妈妈身后走到了银行的柜台。

在生活中，孩子会接触到和贷款相关的信息，就像故事中的孩子一样，家里买房、买车，甚至家长开办公司等，需要资金而手头钱不够使时，就会想到向银行贷款的情况。孩子在耳濡目染中，也会对其有不明白的地方：最常见的是，我们往银行里存钱，把钱借给银行，可是还需要从银行里贷款，有些不好理解呢。对此，家长可以对孩子进行相关的知识讲解，告诉孩子：当我们做事情钱不够时，可以找银行去贷款，即从银行里借钱出来给我们用，只要我们按期归还就行，而且用银行的钱还可以办大事，尤其是获得比存款利息高的多的收益。具体来说，主要有以下两点要给孩子讲解清楚。

1. 给孩子讲解贷款的种类

我国银行贷款的种类可以用不同的标准，从不同的角度划分为不同的。

按贷款的期限划分 按贷款期限的长短，可以将贷款分为短期贷款和中长期贷款。短期贷期限在1年或者1年内，其特点是期限短、风险小、利率低，通常以"放款"的方式发放，主要用于满足借款人对短期资金的需求。中长贷款期限都在1年以上，其特点是期限长、利率高、流动性差、风险大。

按贷款的用途划分 按贷款的用途不同，可将贷款分为流动资金贷款、固定资金贷款等。

流动资金贷款包括流动基金贷款、周转性贷款和结算贷款，是企业为解决流动资金不足向银行申请的贷款。固定资金贷款包括基本建设贷款、技术改造贷款、专用基金贷款，是企业为满足对固定资产的维修、更新、改造或扩大的资金需求而向银行申请的贷款。

按贷款有无担保品可划分为信用贷款、担保贷款等。

信用贷款是指企业依靠自身的信誉而无需提供抵押品或法人担保向银行取得的贷款。这种贷款手续简便，利率相对较高，贷款数额受公司财务情况的限制，但对银行来说风险较大。

担保贷款包括保证贷款、抵押贷款和质押贷款。保证贷款是指公司按法律规定的保证方式，由第三人承诺在其不能偿还贷款时，按约定担一般保证责任或连带责任而取得的贷款，即当贷款公司不能按期归还本息，保证人负有代为归还的经济责任。抵押贷款是以贷款公司提供抵押品或以第三人提供的抵押品作为还款保证从而取得的贷款，如公司不能按期归还本息，银行可按贷款合同的规定变卖抵押品，以所得款项以回本息。

以上这些贷款的种类和特点看起来比较复杂，家长可以选择和生活贴近的几种给孩子介绍即可，让他明白银行有多种方式可以贷款，我们可以根据自己的实际需要而选择适合的方式贷款，让其心中对"借贷"有个一般的了解即可。

2. 让孩子了解贷款的程序

首先，申请贷款。需要我们到主办银行或者其他银行的经办机构直接提出申请。在申请过程中，还要填写《借款申请书》并提供自己和保证人的基本情况以及按照银行要求要出示的相关证件，比如身份证、房产证、学历证等。

然后，银行根据我们的申请对我们的信用等级评估。其中参考的因素有：经济实力、资金结构、个人在银行的信用记录等。评估之后，银行还要对我们进行初步贷款调查，核实抵押物、保证人情况，测定贷款的风险度。之后，就可以等待贷款审批了。等到银行通知审批合格后，需要与我们签订贷款合同，在签订的贷款合同时，需要填写约定借款种类，借款用途、金额、利率，借款期限，还款方式，借贷双方的权利、义务，违约责任和双方认为需要约定的其他事项。最后，我们就等着贷款发放就可以了。需要注意的是，如果我们不按合同约定用款的，是要受到惩罚而偿付违约金的。

家长可以先给孩子大致讲解下，在办理贷款业务时，带着孩子一起去，并对他的疑问提出及时的解答。让孩子亲身体验这种程序的严格和规范，并树立"到期就要归还"的信用观念。在孩子的生活中，也免不了会与同学、朋友之前有相互借钱等的情况，家长以实例让他了解与此有关的事情，对他以后正确处理与他人的借钱借物等事情奠定良好的基础。

培养孩子高财商的100个细节

3. 教孩子明白，有时也可以用别人的钱办自己的事儿

通过讲解、亲身体验等，我们的目的并不是让孩子掌握多少金融知识，而是让他树立这样一个观念：当我们有合适的事情要去做时，如果自己的钱不够，我们可以从银行里借钱出来帮助我们办事情，这样比单纯的储蓄积攒可以获得更大的利益。

第四章

在购物中教会孩子理财的11种方法

在生活中,家长常常对孩子照顾得无微不至,看到孩子需要什么就会给他买回来,即使在给孩子零花钱时,也常常在孩子购买东西时陪着他,总认为孩子还小,"不会"买东西。其实,家长这样做反而会束缚了孩子的天性,不利于孩子的理财学习。因此,家长应让孩子学会用自己的钱给自己买东西,而不是一味地依靠父母。

 细节29：父母给孩子零花钱的讲究

雪丽有一个女儿，虽然刚7岁，但嘴甜又漂亮，经常把周围的人哄的服服帖帖的，很是招人待见。女儿的爷爷奶奶，常常高兴地给她塞零花钱。时间一长，女儿一点也不把钱当回事，想怎么花就怎么花，从没说过要节省一点。

"这可怎么办呢？"雪丽不想让女儿养成大手大脚的坏毛病，就来找身为教育专家的同窗好友周可可，想请她帮自己出谋划策。

"一般儿女的问题，都是出在父母或者家庭环境身上，我觉得你女儿的情况，应该和她的爷爷奶奶脱不了干系。"周可可说道。

"啊？果然是被爷爷奶奶惯出来的么？"其实这一点，雪丽也有所察觉，既然问题根源找到了，接下来该如何解决呢？她期盼地看向好友。

"爷爷奶奶的娇惯虽然有错，但作为父母，你们的放任不管也是错的。"周可可一针见血地指出了她的过错，"既然你都知道爷爷奶奶随便给孩子零花钱是问题的根源，还不想办法阻止？"

"嘿嘿……"雪丽不好意思地低头笑了起来，再抬起头来时，认真地问周可可："那现在怎么办？是不是以后不再给我女儿零花钱比较好？彻底断了她的'财路'，让她知道钱是来之不易的，怎么样？"

"不行，如果方法用得不妥，只会让孩子对父母产生敌意，没准会提前进入叛逆期呢。"周可可摇摇头表示不同意。

"啊？那怎么办？"雪丽有些为难地皱起了眉头，却见周可可像个孩子一样，调皮地眨了下眼睛，说道："当然是有艺术地给孩子零花钱。"

"有艺术地？"雪丽不理解这话是什么意思，周可可解释道："对，比如说让孩子帮父母打扫房间、做家务，用自己的劳动挣取零花钱啊。"

"……原来如此，那我回家试试去。"雪丽恍然大悟。

不但雪丽家的孩子是这种情况，其他家庭也有类似的经历。现在家庭大都比较富裕，家长也不愿意过于苛责孩子，在零花钱的控制上也比较松，就导致了孩子花

钱大手大脚的情况。

据媒体报道，一位初二的学生过生日，他请了十来个同学，到游戏厅玩耍后，又吃火锅、K歌。当天就花掉近一千元。当记者采访他时，这个孩子并没有感觉自己太奢侈了，他说："我过生日花的并不多，学校有钱的同学会花两三千呢，他们收到的生日礼物也是至少一百多一个的。"还有的初中生说每天父母会给自己15元零花钱，长辈每月也会给点，一个月大概有六百左右的零花钱。到了春节时候，压岁钱是接近万元。

生活中，给孩子零花钱不是一个小事情。如这方面做得科学、合理，不但有助于培养孩子艰苦朴素、勤俭节约的美德，还能让孩子体会到掌握自己生活的乐趣。否则，就会导致孩子奢侈浪费、爱慕虚荣等不良习惯。那么，在给孩子零花钱上面，家长应注意哪些问题呢？

1. 给孩子多少才算合适？

专家建议，家长要根据孩子的年龄而定，而且要有明确的数量限制。他们认为，当孩子在小学阶段时，其零花钱应控制在每月一百元左右；当孩子上了初中以后，每月可涨至二百元左右，高中阶段时，控制在每月三百元以内即可。

2. 主动给比被动给要好一些

我们家长大都习惯于当孩子需要时向自己要，然后再酌情给予。这种方式有其一定的合理性，但往往是被动型的，在无形中让孩子掌握了索要零花钱的主动权，并不利于孩子学习如何理财规划。因此，我们可向法国家长取经，他们往往是在孩子到了一定的年龄后，如五六岁等，就会主动给孩子一些零钱，并教给孩子如何如花，让孩子自己去尝试，并随时和孩子交流花钱购物的心得等，但是他们也不是一次就把一个月的零花钱都给孩子，而是在孩子还没有购物需求时，就先给与其一部分，然后当孩子还需要时再给。

3. 给零花钱的方式要多样化

教育专家建议，给孩子零花钱时父母可采取多种方式，既让其体会到经济来源的多样性，又能时时感到新鲜，还能更深刻地明白"有付出就有回报"的道理。比如，家长可以给孩子安排一些家务劳动，孩子做得好了可以给予一部分零花钱作为报酬；当孩子学习了一门特长（绘画、笛子等）后，家长可以给其一定的奖励；孩子自己在理财上取得小小的成就后，家长也可及时给与奖励等等。

细节30：教孩子合理支配零用钱

小男孩晨晨特别喜欢吃甜食，所以每个星期他一拿到父母给的10元零花钱后，就会风一般跑去买各种甜食吃，往往是一两天就会把一星期的零花钱花光。

这一天，晨晨看上一架玩具飞机，跑过去一看价码，低着头往后退了一步，为什么呢？原来玩具飞机要几十元，而晨晨的零花钱并没有那么多。

他真的很想很想要这个玩具，就飞快地跑回家，对妈妈说："妈妈，能再给我一些零花钱吗？"

"这可不行，妈妈前天不是刚把这星期的零花钱给你了吗？"妈妈摇头拒绝了他的要求，并问他："你要钱做什么？"

"我想买玩具。"晨晨如实回答。

听到这个答案，妈妈更不可能给他多余的零花钱了，就对他说："你如果真的很想要那个玩具的话，可以自己想办法攒钱。"

"怎么攒呢？我真的很想要那个玩具。"晨晨认真地回答道。

"你可以规定自己每个星期只花一小部分零花钱，剩下的钱全攒下来，这样一来，没多久你就有钱买玩具了，不是吗？"

"可我怕自己忍不住花钱。"晨晨低沉地垂下了头。

妈妈想了想，写了两张纸条交给他，并对他说："把这两张纸条放在你的口袋里，当你再想花钱的时候，就打开看看它们。"

晨晨打开纸条一看，只见第一张纸条上写着：我真的要买这个东西吗？

第二张纸条上是：买了这个东西，我还能买其他东西吗？

晨晨连摇了两次头，手紧紧地握在口袋上，坚定地对妈妈说："妈妈，我想我会攒够钱买玩具的。"

现在的小孩子在有了零用钱后，常常会先狂花一阵，买一些自己喜欢但不实用的东西，没几天就玩腻了，或者手头又没钱了就又向父母要。这让家长很发愁，怎么管教才好呢？上面故事中，晨晨妈妈的做法很巧妙，取得了不错的效果，值得我们借鉴。但是，孩子大都自控能力较差，即使采取这种方法教育孩子，也要经常提醒他才行。除了这个方法外，家长还可以采取以下方法教孩子怎么样花钱。

1. 列个一月、一个季度内想要的东西的计划表

家长可以和孩子一起商量，让他想出自己在未来一个月、一个季度内想要的东西，并列出名单来，然后将最喜欢最想要的标出来，再和自己的零用钱相比较，看看够还是不够。如果不够，家长应教给孩子尽量少花自己的零用钱，积攒起来买自己最想要的，而其他的则可以舍弃。

2. 让孩子知道去什么地方买才更划算

孩子买东西往往是看到喜欢的或需要的就会买，而很少会考虑寻找更便宜的商店去买。家长可以对其进行引导，告诉他同样的东西在批发市场等地会更便宜，也就是说，你会省下不少零花钱，这样自己的钱就相当于"多"出来了一些，可以更好地使用它。在有空的时候，家长可以带孩子去实地逛逛体验下，或者将孩子需要买的东西都记好单子，到时和孩子一起去一次性全部购买回来，既省时间又省下了钱。

3. 教孩子控制自己的花钱欲望

当孩子拿到零花钱后，家长可以告诉孩子"儿子，你要是一拿到钱就去买不少东西，那爸爸就会把下次给你钱的时间往后推迟了哦"让孩子不得不尝试控制自己的购买欲，这其实也是锻炼孩子忍耐力的一个方法。孩子只有较好地控制自己乱花钱的习惯后，才能进一步合理使用它，才会在理财方面取得好的效果。否则，再好的想法也很难取得成效。

细节31：孩子的压岁钱，家长不宜全部"没收"

又是一年春节时，诗诗又喜又忧地盼来了串门走亲戚的日子。为什么是又喜又忧呢？诗诗撇着嘴小声说："过年会有很多压岁钱拿，当然高兴啊；可爸爸妈妈总说要替我保管，过后就再也不提压岁钱的事情了，很难过的。"

所以今年，诗诗想了个"对策"，坚决不让爸爸妈妈把她的零花钱拿走。

第四章 在购物中教会孩子理财的11种方法

"爷爷奶奶好!"今天来的是爷爷奶奶家,诗诗最喜欢爷爷奶奶了,因为他们总是那么亲切地照顾着自己,而且给的压岁钱也是最多的。

爷爷奶奶一见到她,就高兴地合不拢嘴,赶紧从兜里拿出红包,塞进了她的手里,"诗诗又长大一岁,变得更漂亮了。"

"谢谢爷爷奶奶。"她高兴地把红包放在口袋里,一溜小跑,就从爷爷奶奶家冲了出去。

"这孩子,怎么横冲直撞的,小心别摔倒。"妈妈被诗诗撞了一下,冲着她背影喊道。

不过诗诗才没时间理妈妈,她要趁妈妈还没把"魔爪"伸向她的口袋之前,把口袋里的压岁钱,全花光!

没错,这就是她想的"完美对策"。虽然有点可惜,但总比自己一点也花不到强多了。

这样想着,她更加卖力地朝小区外的超市跑了过去。

诗诗的遭遇相信不少孩子都经历过,在他们看来,自己得到的压岁钱却被父母以各种理由"没收了",自己空欢喜一场,过年也没有得到什么好处,太令人郁闷了,家长真是不通人情啊。家长则认为,压岁钱其实是自己和亲友之间互相交换的,就这样让孩子一下子拥有这么多的钱并不是一件好事,自己替孩子保管是明智的选择。

专家则认为,对于压岁钱,家长不宜全部没收,否则会引起亲子之间的情感冲突,这并不利于孩子财商的培养。比较好的处理方法是指导孩子合理使用这部分钱,而不是一收了事。家长可以在春节前就给孩子讲解"春节""压岁钱"的来历和传奇故事,让孩子关注到相关的人文风俗,教其体验春节的真正含义,而不是把目光仅仅盯在钱和吃喝玩乐上。

在引起孩子的兴趣后,家长可以趁机和孩子交流压岁钱的问题,在尊重孩子的想法前提下,家长可以告诉孩子"孩子,你的压岁钱父母不要,但是也不能一下子都花掉,我们的要求是你可以花去一小部分,剩下的大部分都要储存起来"。比如,家长可以给孩子单独开设一个银行账户,设定成定期存款,每年都将压岁钱存进去一部分,让孩子的个人财富年年上涨,又能限制他自由支取。以此让孩子既有"自己有钱了,自己是这些钱的主人"主人翁的意识,又受到家长的约束,这样孩子在心理上能较为接受父母的安排。

此外,家长还可以用其他方式引导孩子合理利用压岁钱。如,家长可以给孩子说,"现在我们有了这么多的压岁钱,不如拿出一点点来帮助贫困地区的小朋友吧!"并指导孩子如何捐款,让其在实际行动中体会到做慈善受到的赞赏,这种来自社会、来自其他成人,特别是孩子心中权威的人的欣赏和表扬能对孩子形成极大的激励作用,有助于他形成正确的财富观和理财方式。除了给慈善做贡献外,家长还可以教孩子孝敬老人,比如用压岁钱给爷爷奶奶买些东西,给自己的亲友小朋友送些小礼物等,这些都是不错的方法。

细节32:让孩子在买东西中学会照顾自己

陆沛沛在超市里看上了一套运动服,他兴冲冲地跑回家对妈妈说:"妈妈,我真的很想要那身衣服。"

"这样啊……"妈妈虽然认为儿子的这一要求并不过分,但她觉得儿子的年纪不小了,也是时候体会一下东西来之不易的感受了,所以她想了想,对儿子说:"那妈妈赞助你一部分买衣服的钱,另一部分你自己想办法去赚,怎么样?"

"为什么?妈妈不帮我买吗?"沛沛有些委屈地问道。

妈妈摇摇头,说:"妈妈帮你买啊,只不过并不是帮你把买衣服的钱全部拿出来而已,你要用自己的钱去把喜欢的衣服买回来。"

"用我自己的钱?可是妈妈,我不会挣钱,怎么会有自己的钱呢?"陆沛沛有些担忧地问。

妈妈笑着回答道:"你的零花钱呢?这不就是你自己的钱吗?用自己的钱买回来的东西,感觉可是很不一样呢。"

"真的吗?那我要用自己的钱买衣服。"沛沛感觉很新鲜,高兴地答应了下来。

虽然过程有些艰难,但一个月后,在妈妈的帮助下,陆沛沛终于把心仪的运动服买了回来,看着自己"挣"钱买回来的第一套衣服,陆沛沛终于体会到了妈妈所说的不一样的感觉,真的是成就感十足啊!

在生活中,家长常常对孩子照顾得无微不至,看到孩子需要什么了,就会给他买回来，即使在给孩子零花钱时，也常常在孩子购买东西时陪着他，总认为孩子还小，"不会"买东西。其实，家长这样做反而会束缚了孩子的天性，不利于孩子的理财学习。故事中的陆沛沛看到自己喜欢的衣服，但是妈妈仍没有给他买，而是让他攒钱去买，也得到了孩子的认同，不久后，抱着自己喜欢的衣服，孩子感觉到了自己取得的成就。陆沛沛妈妈的做法值得我们学习，即让孩子学会用自己的钱给自己买需要的东西，而不是完全依靠父母。

在家教中，我们还可以在陆沛沛这件事儿上做进一步修改，以对孩子进行更好的财商教育。家长不但可以让孩子用自己的钱买衣服，还要让他自己去挑选衣服。这里的挑选不是指的颜色、款式等外表，而是让孩子自己挑选适合的尺码，让他自己去琢磨各种衣服之间的优劣，找出最适合自己的，这才是真正的让孩子自己学会买衣服。

在这个过程中，家长要给予指点，让孩子明白挑选衣服和日常维护的注意事项。比如，教孩子注意查看衣服的使用说明，查看该产品的质量等级状况，然后查看缝在服装产品上的标签：一是查号型规格是否表达清楚，并与本人的体型是否相适应，当然能试穿最好。二是查看服装布料（面料、里料、填充料等）采用的材质组成描述是否清晰齐全，因为不同的材质服装有不同的性能、不同的价值。

然后，教孩子手摸眼看服装产品的外观质量。首先对所购服装，根据所标注的材质、质量等级等性能方面进行检查，查看标注的内容与货品的真实现状是否相符，主要从面料的手感、布面的瑕疵、色差、污渍、缝制、拉链、钮扣的牢固程度进行观察。若有质疑，不妨暂缓购买。

经过几次这样的购物，孩子就会对自己购买和检查衣物比较熟悉了，也会提高他对"照顾自己"的兴趣，而不是像以前那样，自己喜欢什么就让家长去买，自己只享用就行了。推而广之，家长采用这种方式指导孩子选购其他自己需要的物品，会极大地提高孩子独立生活的能力和自信心，也能让孩子明白"用钱买东西也是有门道的"的道理。

培养孩子高财商的100个细节

**细节33：怎样教孩子认识商品的价格**

周末的时候，小光陪爸爸妈妈一块去超市买东西，逛着逛着，小光发现了一个有趣的东西，那就是超市里的价码标签。

"爸爸，为什么这个标签是红色的，而那边那个是绿色的呢？爸爸你快来看，这个标签上竟然打着两种价格，到底这个东西要卖多少钱啊？"

这时，有个和小光差不多年龄的小男孩从他们身边走过，听到他的话后，嘲笑道："连价格标签都看不懂，真笨！"说完，吐着舌头就跑开了。小光愣住了，委屈地站在原地，看向爸爸。

"没关系的。"爸爸把小光拉到自己身边，指着那些花花绿绿的价格标签说道："爸爸曾经也搞不懂它们到底代表什么意思，后来通过学习就认清了。你现在只是缺乏学习罢了，没必要伤心难过。"

"那爸爸你快教教我，这些标签上的数字到底是什么意思啊，为什么还区分那么多颜色呢？"小光迫不及待地问道。

面对儿子的问题，爸爸坦然一笑，不急不慢地回答："因为东西的价格其实并不是卖家说了算的，还得经过国家的指导和调节来定价的，而定价的标准有很多，不同的定价方法就会用不同颜色的标签表示，让人们一目了然。"

"原来是这样啊。"小光大概理解了爸爸的意思，然后他指着一张红色的价格标签问："红色是什么意思呢？还有这张绿色的呢？"

"红色标签的商品代表是国家统一定价的；咱们手边这个绿色的，则是卖家自己根据市场定的价。"爸爸依次回答道。

"原来小小的标签里，也有这么大的学问啊。"小光一脸崇拜地看向爸爸，摇着爸爸的手央求道："爸爸，爸爸，你把你知道的全部告诉我吧。"

在孩子对货币比较熟悉，也学会在小区附近的小卖部买些小东西后，家长就可以对其进一步的财商培养了，而教孩子认识商品的价格就是其中重要的一个内容。虽然孩子在卖东西时，经常听到"娃哈哈矿泉水一元钱元一瓶""巧克力两元钱一块"等报价，并付款交易，但他对"价格"的认识还是很模糊的，对其中的门道更是不清楚，而这些就需要家长来指点了。

简单地说，价格就是指我们买东西时所需要付出的代价或具体多少钱。但是，仅仅给孩子讲这些还是不够的，我们可以更深一些地介绍，就是价格指买卖双方就买卖商品订立的兑换比率。比如，两块橡皮可以换一支铅笔，那铅笔的价格就是两块橡皮了，但是，在经济社会中，我们都是以钱作为"中介"的，所以，就把橡皮换成了钱，然后用钱来买铅笔。虽然，这个概念听起来有些复杂，但家长还是要尽可能地给孩子讲解清楚，并用身边的实际事物作为例子，让孩子能听明白，这对于他的财富意识的培养是很有帮助的。将概念讲清楚后，家长就可以像故事中小光的爸爸那样，带着孩子一起去超市"学习"了。

1. 认识价格标签里的奥秘

在超市里，价格标签的标价形式都是一样的，即都是用"××元"来表示的，并不是我们日常中习惯的"三元六角""五角五分"等叫法，这会让初次接触标签的孩子感到不适应。家长可以借此帮助孩子进行换算，这也是提高孩子数学能力的一种好方法。如果再加上商品比如面包的重量和价格的换算就更好了，让孩子更快地适应不同商品的不同价格标准。除此之外，家长还可以像小光爸爸那样提示孩子仔细观察标签上的奥秘。比如红色标签用于国家统一定价的商品；蓝色标签用于国家指导价的商品；绿色标签则用于企业自行定价的商品。有的商品价格上调了，标签上一般都会用上升箭头作标注，价格下跌就会用下降箭头标注。有时，某一商品实行促销活动，标签就会标注此次促销活动的起止日期。在促销商品时，往往还会用大幅的黄色标签贴出来，让顾客一眼就能看出来。

2. 教孩子认识网络商品的标价

现在很流行网络购物，孩子也喜欢玩电脑游戏，家长可以对孩子介绍网络购物中的价格表示方法，以扩大孩子的知识面。比如，教孩子打开淘宝网，选中一种商品，在商品图片的右边或下面往往会有价格显示，还显示这种商品的原价是多少，现价是多少，优惠折扣又是多少等等。这些看似细微的内容，家长指导得当，也会让孩子很感兴趣的。

细节34：教孩子学会买东西"砍价"

肖卫的T恤旧了，想买一件新的，就请妈妈和他一起去商场买一件，妈妈欣然答应了下来。周末的上午，就陪他走进了商场。

"这件T恤不错。"肖卫看中了一款浅蓝色T恤，妈妈看了看觉得也不错，就问老板："这件T恤怎么卖？"

"130。"老板张口便说了一个数字。妈妈听了，思考了一下就拉着儿子走了出去。

来到另一家店铺，也有同一款T恤在卖，妈妈问老板："这件T恤怎么卖？"

"95，喜欢就穿上试试，价格还能优惠。"老板笑着看向他们母子。

肖卫吐吐舌头，仔细的看了看衣架上挂着的T恤，明明是同一款、同一种布料，价格怎么会差这么多呢？

他以为妈妈肯定会马上买下来的，谁知道妈妈和老板聊了一会儿后，竟然空着手又把他拉出去了。就这样，他们又在商场里逛了很久，肖卫累得腿都要抽筋了，赶紧拉住妈妈问："妈妈，走那么多家干什么啊？不都是一样的吗？刚才那家最便宜，直接买回来不就行了？"

妈妈看了儿子一眼，对他说："这叫货比三家，比较好之后，妈妈才能清楚地知道这件T恤的价位，然后才能和老板讲价啊。买东西一定要学会讨价还价，不仅要从质量还要从各个方面找到能让那件T恤价格降下来的理由。"

肖卫目瞪口呆地听着妈妈讲的关于讨价还价的"长篇大论"，心里暗暗佩服。最后，他们来到三层的一家店铺，经过一番讨价还价后，用70元终于把这件T恤买了下来。

妈妈自豪地拿着自己的"战利品"对肖卫说："看见没，这就是讲价的好处，从130元到70元，剩下的钱还能买点有用的小东西回去，多好。"

故事中的肖卫是比较听话的孩子了，在和妈妈逛商场买衣服，不但买到了喜欢的衣服，还认识到砍价的好处。但是，在生活中，并不是所有的孩子都像肖卫那么乖巧懂事的。有的家长常常遇到这样的情况：孩子需要买新衣服了，家长带着他去商场挑选，等孩子有了相中的款式后，家长会和店家砍价，有时还会磨不短的时间，而孩子就会不耐烦了，总是认为"这么十几块钱的差价，值得这么较真吗？让人看着多丢人啊"这就是孩子的观念问题了，家长应及时纠正。而纠正的方法很简单，让孩子体会到砍价对自己的好处后，自然不会排斥这种购物方式，再教给孩子砍价的技巧，让他在日常买小东西时多运用练习。

1. 给孩子讲解身边商品大致的合理价格范围

家长可以在日常给孩子讲讲身边各种商品的大致价格范围，以及商家的要价情况，给孩子讲可以大概砍下来多少钱等。这样他需要买东西时，就会心中有谱，不被商家牵着鼻子走。

2. 起初不要暴露自己的购买意图

告诉孩子，买任何东西都不能表现得太迫切，买不买无所谓，这样才能让卖家让价。如果你见到一件商品马上就喜形于色，表现出强烈的购买欲望，那么你就很难还价。反之，你表现出可买可不买，在那里犹疑不定时，卖家为了吸引你买，往往报价就较低。还有，买东西时最好是两三个人一起去，一起给卖家讲价，也是个不错的方法。

3. 学会给商品挑毛病

在买东西时，先挑挑它的毛病。比如质量、生产日期、花色、做工缺陷等，都可以成为砍价的筹码，如果实在找不出毛病，也可以从"你这里没有我喜欢的颜色""款式老旧些"等方面砍价。

4. 不但要砍价，还要看商品质量

我们教给孩子砍价，是希望用这种方式培养孩子的理财思维和议价能力，而不是要去孩子必须砍到多低，更不是追求价格低而忽略其质量问题。因此，家长还要给孩子讲解些常见的商品质量方面的常识，比如什么样的橡皮是质量好的，什么样的作业本质量比较高等等，让其能在购物时有所注意。

 细节35：教孩子正确选购打折、特价商品

这一天，妈妈给平平买了一件他早就想要的运动服，平平高兴地把衣服穿好，去找小朋友们玩去了，可没多久，他撅着嘴，气呼呼地跑了回来。

"平平这是怎么了？和小朋友们吵架了？"妈妈正在阳台晾衣服，正好看见了他这一副受委屈正生气的样子，赶紧走进了客厅。

"……"平平低着头，没有回答妈妈的问题，妈妈觉得事情有点严重了，就又问："到底发生了什么事呢？和妈妈说说好吗？"

"妈妈……"平平欲言又止，最后像是终于下定决心般，深吸一口气，认真地问妈妈："妈妈，这件运动服，是打折商品吗？"

"为什么这么问？"妈妈好笑的看着儿子，对他说："你不是喜欢这件衣服吗？这和打不打折有什么关系？"

"同学说这是打折的东西，特价商品，穿出来丢死人了。"平平红着脸回答道。

妈妈一听，原来问题在这儿啊。

她赶紧夸张地捧着脸，对儿子说："这件衣服真的有打折卖的商店吗？哎呀，妈妈怎么不知道，亏了亏了，快告诉妈妈，那个打折的商店在哪，妈妈一定要多买几件衣服回来。"

"妈妈？为什么要买打折的衣服？穿出去会被人笑话的。"平平着急地嚷道。

"为什么要被人笑话？"妈妈睁大眼睛，对他说："我用低于别人的钱买回来了同样的商品，为咱们家省了钱，这是值得自豪的事情，怎么会被人笑话呢。"

"对啊！"平平听了妈妈的话后，像是突然醒悟，开始洋洋得意起来，"原来穿打折衣服并不是件丢人的事情啊，我为妈妈省了钱，应该感到高兴和自豪才对，是吧，妈妈？"

"当然。"妈妈认真地点头，平平乐得跳起来，说道："那以后我们只买打折的东西好不好，我要为妈妈省更多的钱，做妈妈的乖儿子，羡慕死他们。"

在看待打折商品这件事儿上，家长可告诉孩子应两面看待，既要看到打折商品

第四章 在购物中教会孩子理财的11种方法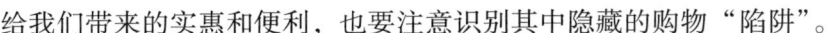

给我们带来的实惠和便利，也要注意识别其中隐藏的购物"陷阱"。

1. 要明白哪些类的打折商品能买

家长在给孩子讲打折商品时，可以带他到超市、商场中，边逛边讲，以实际例子对孩子进行点拨。打折商品虽然能让我们剩下不少钱，但也是有区分的，比如衣服、鞋袜、以及其他日用品可以购买打折的，而火腿、面包、果汁等与健康密切相关的食品饮料就不宜购买打折品了。因为那些商品大都是保质期即将到期了才甩卖的，这些食品有健康隐患，不宜购买。

还有，家长应告诉孩子并不是遇到打折、甩卖等特价商品就心动买下来，而是先要看这些东西是否符合自己的需求，我们买回去是否有用。如果不是必需用的话，即使再便宜也不宜购买，毕竟再少的钱也是要花出去的。

2. 买打折商品时要注意哪些问题

有空时，家长带着孩子逛逛各种展销会和商场，让他亲身体验打折商品中的"猫腻"，以避免以后上当受骗。

虚高标价再打折。比如，在一些展销会上，除了知名的大品牌之外，许多参展商品都存在标价高打折低的情况。比如，一套学生用桌椅价格标签是900多元，打完折扣后是500多元，其实300多元就能买下。还有，在有的商家的促销活动中常出现衣服"350元三件"这样的折扣标价，其实每件的原价是70来元。但商家就是用这种方式吸引顾客购买，还屡屡得逞。

质量有问题不"三包"。在打折销售商品时，商家往往不会对商品承诺"三包"，这就加大了顾客的购买风险，比如买的商品质量有问题，到时可能就会出现商家不予退换的情况，最后还是自己吃亏。

 细节36：性价比选择

张凌的作业本用完了，她央求妈妈周末陪她一块去买些作业本回来，妈妈欣然答应了她的要求。

周末一大早，张凌早早醒了，和妈妈一起吃好饭，收拾好出门要带的东西后，

就像只小鸟一样欢乐地出了门。

"妈妈，你说要哪种作业本好呢？"一到文化用品店，张凌就来到卖作业本的架子前，认真地挑选起来，"这个上面有我最喜欢的抱抱熊，感觉很可爱，可就是有点贵；旁边这个倒是便宜，但质量好像不怎么样，感觉用力一写字就会划破一样。妈妈，你说我该选哪个啊。"

妈妈左看看，右看看，认真地对女儿说："那我们就选性价比最高的那种吧。"

"性价比？那是什么？"

"妈妈先问问你，你要作业本是用来做什么的？"

"写作业啊。"张凌忍着笑说道："妈妈你这不是明知故问嘛。"

"妈妈可没糊涂，那么你看看架子上哪些本子能满足写作业这个要求呢？"

"基本都满足吧……"张凌的目光重新放在架子上，慢慢摇了摇头，说道："好像不是，既然是写作业，得交给老师看，这个画小熊的本子不太正规，用来记笔记还差不多。"

"嗯。看来我女儿不傻嘛。"妈妈笑道。

张凌佯装生气地瞪了妈妈一眼，然后又重新选起了作业本，嘴里还念念有词地说道："这三种都适合做作业本，不过这个质量太差，这种又太贵，还是中间这种好，不贵质量又很好，妈妈，我要这种了。"

"女儿真棒，妈妈正想推荐这一种呢。"妈妈微笑着对她说着，接过张凌选好的作业本，向收银台走去。

故事中，张凌在买笔记本的时候遇到了难题，不知道买什么样的好，在妈妈的指点下，第一次进行了"性价比"选择，这可难为她了，要考虑到不同的本子的不同作用，也要考虑到物美价廉。不过，最后她还是选到了合适的本子。这件事情虽然小，但也让她体会到了"如何在既有条件下做出最合适的选择"这种比较复杂的经济行为，对于培养她的财商是很有利的。

1. 教孩子认识性价比

性价比全称是性能价格比，是一个性能与价格之间的比例关系，具体公式是性价比＝性能/价格。我们在购买某个商品过程中或多或少都需要寻求性价比高的商品。一般来说，性价比高时会有两种情况：一是性能相同、价格低，二是性能高、价格相同。当性价比低时，也会有两种情况，一是性能相同、价格高，二性能低、价格相同。看起来挺复杂，在给孩子讲解的时候，我们可以类似的例子让他能更直观地了解。

比如，有 A、B 两种山地自行车。其中，A 是高质量的要价 3000 块，B 是一般质量的，要价 2000 块；我们说 A 是 高价高质量，物有所得，一分钱一分货，但性价比不理想。

如果质量好的 A 是 3000 块，而一般质量的 B 也要 3000 块，那么，我们就可以说 A 的性价比高，同时也可以认为 A 比 B 质量好。

如果高质量的 A 是 3000 块，而也是高质量的 B 是 4000 块；则 A 的性价比比 B 高，买 A 更合算。

如果高质量的 A 是 2000 块，而一般质量的 B 是 3000 块；那么 A 的性价比就比 B 要高的多。

可见，在买东西时，性价比越高越好，说白了就是花越少的钱买到越好的东西。

2. 注意性价比的漏洞

我们在购买东西时，都会选择性价比高的去购买。需要让孩子注意的是，在对商品做性价比比对时，最好选择性能、质量一样的商品，这样才能更好地看出哪种更省钱，否则就会困难很多，不利于选择，甚至选择错误。

细节 37：教孩子正确看待商品的包装和价格

女儿和妈妈一起去超市选购食材，来到冷冻速食区的时候，女儿发现了一件很难理解的事情，她把妈妈拉过来，好奇地问："妈妈，为什么这两袋鸡柳看起来一样，价格却不一样呢？"

妈妈走过来看了看说："原来不是一个厂家的啊。"

"不同的厂家价格就不一样吗？"

"还有包装也不一样啊，你看这袋包装很精美，就贵一些；而旁边这袋包装比较粗糙，包装袋也很薄，感觉一拿就会破掉似的，很没有质量保障，自然就会便宜处理了。"

培养孩子高财商的100个细节

"是吗?"女儿歪着小脑袋看着两袋鸡柳发了会儿呆,突然仰头看向妈妈,认真的说道:"但我觉得这两袋鸡柳一样啊,包装好就能卖得贵一点吗?那我们岂不是在买包装费,而不是在买鸡柳了?"

妈妈没想到女儿小小年纪竟然能想这么深奥的问题,而且还一针见血地指出了事实。

女儿认真地说道:"就像这两袋鸡柳,因为包装不同,一袋就会感觉很高档,一定是真货,而另一袋会让人以为是便宜的垃圾食品,对吗?"

"对,就是这个道理。"妈妈点点头,继续说道:"但事实上,或许两袋鸡柳真的没有任何区别,都一样的美味。"

在现在的社会中,商品包装已经成为商家销售产品的重要手段,为了吸引顾客购买,他们会在包装上采取各种方法。比如,以简包装的方式推出产品,就是为了打价格战,吸引更多收入水平较低的顾客来购买,以增加市场份额;而精美包装的产品往往会给顾客一种"这是一种高档的商品,它的品质一定更好"的印象,虽然事实上包装精美的商品,其品质并不一定就高,但能满足特定顾客的需求,比如经济条件好的顾客可能就会更倾向于购买这些商品,还有就是买来作为特殊用途的人,比如给人送礼就需要包装看起来高档、气派的商品,而简包装往往会让人有"不受重视""丢份儿"的感觉。

因此,在家长和孩子一起逛商场时,可以向孩子介绍与此相关的各种实用经济常识,以帮助孩子树立正确的经济观。家长还可以指导他挑选需要的商品,如在孩子的同学、朋友过生日等,要给其送礼物时,要选择质量好,价格适中,而包装较为精美的商品;在自己用的时候就舍弃包装好的,只要品质上乘,价格又较为便宜的,即性价比高的。这样能让孩子在社交中有"面子",又能满足自己的需要即经济实惠。需要注意的是,家长还要教会孩子识别过度包装的商品,即仅靠豪华包装而卖高价格的商品,比如"天价月饼""天价茶叶"等,让孩子明白这样的商品是商家为了谋求巨额利润而做的,并不是正确的经济之道,也不值得我们去花冤枉钱购买。

据此,家长还可以引导孩子进行发散性思维,开拓他的思路。如家长和孩子一起寻找性价比高的商品,买可乐等饮料时,比较不同容量不同包装的同一个牌子的可乐,哪种更划算;还可以比较同样容量的可乐,哪种牌子的更省钱等等。相信在这种游戏式的"商品探索"中,孩子的财商会得到更好的提升。

第四章　在购物中教会孩子理财的11种方法

细节38：教孩子正确认识广告

这两天，杰杰一直在缠着爸爸给他买糖吃，爸爸工作忙，没时间去买，就对杰杰说："让妈妈带你去买。"

谁知杰杰却不听话，摇着头对爸爸说："不行，就得爸爸买。"

"妈妈买就不行？爸爸哪有时间给你买糖，回自己屋玩去，爸爸要忙了。"爸爸终于忍受不了儿子的纠缠了，轻轻拍了拍他的后背后便离开了。

杰杰对着爸爸的后背，大声喊道："爸爸是坏蛋。"然后就委屈地抹着眼泪回到了自己房间。

妈妈无奈地看着这爷俩，第二天便把儿子要吃的糖买了回来，本以为儿子会高兴的扑过来，谁知道他却只看了一眼，便毫无兴趣地走开了。

"儿子，不是要吃糖吗？妈妈帮你买回来了。"妈妈微笑着朝他招招手，杰杰却撅起了嘴，理都不理妈妈转身就回自己房间去了。

"咦？这是怎么回事？"妈妈搞不清楚情况了，难道是真的生气了？

吃饭的时候，妈妈把这件事讲给爸爸听，爸爸听完后，认真地看向儿子，对他说："是爸爸不好，不生气了，妈妈买的糖一样吃啊。"

"不好。"杰杰生气的撇过头去，闷声说道："电视里都说了，和爸爸一起去买糖。爸爸不陪我买，我就不吃了。"

爸爸妈妈一头雾水，问了半天，才搞清楚，原来儿子说的是最近电视里的一则糖果广告。受到广告的影响，儿子才非要爸爸和他一起去买糖吃的。

爸爸妈妈互视一眼，暗道：这广告的力量还真是强大，幸好儿子在意的只是和爸爸一起去买糖这件事，而不是缠着他们不停的往家里买糖吃。

不但故事中的男孩杰杰深受电视广告的影响提出不合理的要求，在其他家庭中也有不少孩子受广告的影响，这让父母们很是头疼：孩子看电视是学了不少知识，可也有很多不利孩子成长的东西，特别是针对孩子的商品广告拍的非常精美诱人，让孩子对该产品产生强烈的渴望。

近日，英国进行了一项儿童行为调查，专家们对 100 名孩子进行了测试，他们给孩子提供了两份品质相同但包装不同的食品，一份食品上有知名品牌的包装，另一份则是普通包装，是个不出名的牌子，让孩子品尝，看看哪种好吃，结果大多数孩子都认为知名品牌的包装的食品更好吃。研究还发现，家里有电视的孩子更倾向于选择经常做广告的、有知名标志的食品。可见，食品广告确实对儿童的食物选择有着十分重要的影响作用。对此，家长可对孩子进行有针对性的教育，帮助其正确看待广告，喜好不被广告所左右。

家长可以首先告诉孩子广告是什么，即广告是为了商品生产商的利益，增加产品的销量，而通过电视、网络、杂志等媒体向我们大家宣传的一种手段。家长还可以向孩子介绍广告是怎么制作出来的，让他看到广告的内幕，就能消除其对广告的盲目崇信了。家长可以拿现实中购买的商品和广告相对比，让孩子更直观地看到实物和广告的区别，就会明白"原来广告只是宣传用的，并不一定都是真的"了。

现在的广告大多制作精良，特效绚丽，很吸引孩子的注意力，但是有的广告词蕴含的意思并不正确，甚至还会误导孩子。比如"我有，你有吗""今天你喝了没有"等充满物质诱惑的广告语，很可能引起孩子消费的攀比、炫耀心理；或者"好东西要自己美美享受"之类的广告，会助长孩子自私自利的想法，不利于分享、团队合作精神的培养。

 细节 39：教孩子巧用优惠券省钱

周一一和王佳是一对好朋友，两家人也是邻居，感情十分深厚。周末的时候，周一一对王佳说："我们去吃麦当劳吧，好久没吃了。"

王佳摇摇头，回答道："我没有零花钱了。"

这时候，王佳的妈妈走了过来，听到她们的话后，想起最近女儿表现不错，正好可以趁这个机会表彰一下她，于是对她说："佳佳，妈妈陪你一起去，请你吃麦当劳怎么样？"

"好啊，好啊，正好我妈妈也要去，我们四个人去吃顿大餐吧！"周一一不等王

佳回答，就高兴地拍着手回家喊自己的妈妈了。

就这样，两家人有说有笑地进了麦当劳，点餐的时候，王佳发现，周一一在给服务员钱的时候，还给了对方一张纸片，那是什么呢？带着疑惑，她端着帮自己和妈妈点好的食物回到了座位上。

"妈妈，我今天给你省了不少钱哦。"一坐回去，王佳就开始炫耀自己今天有多节俭了。她说："我最爱吃的薯条只买了最便宜的小包，汉堡包也没有买大份，整整节省了8块钱呢。"

"8块钱算什么！"这时候，周一一端着自己点的食物也走了过来，指着自己的食物盘，自豪地说道："我薯条和汉堡包全要的大份装，价格比你的还少3块钱呢，这样一比较，我比你节省的更多。"

"不可能！"王佳难以置信地看向她的食物盘，并夺过了她手里的用餐明细，结果，周一一说的竟然是真的。她赶紧抬头问妈妈："这是为什么呢？"

妈妈笑了笑，回答道："因为她用了优惠券啊。"

"优惠券？"

"对啊。"妈妈点点头，对她说道："为了吸引顾客，麦当劳会经常推出一些优惠券赠送活动，用优惠券来吃饭，确实很划算哦。"

"妈妈，那以后我们买东西，也用优惠券吧。"王佳兴奋地说道。

优惠券就是商家给持券人的某种特殊权利的优待券，比如如赊购物品或享受服务的优惠等。故事中的周一一正是用麦当劳的优惠券去买套餐，省了不少钱。可见，只要恰当使用优惠券，我们在生活中还是会能得到更多的受益的。作为理财教育的一个重要内容，家长可以把巧妙利用商家的优惠增加自己的受益，也作为理财教育的一个重要内容讲给孩子，并鼓励孩子尝试，在体验中提升对理财的认识。

1. 告诉孩子优惠券的种类

家长可以告诉孩子，优惠券可以按照介质分类，也可以按照使用用途分类。

按照介质分类，优惠券有纸质优惠券、网络优惠券、手机优惠券。其中，纸质优惠券很普遍，已经成为众多商户开业店庆的最重要促销手段。网络优惠券一般以互联网形式流通，打印或者复印即可使用，不仅方便用户更为商家节省了营销成本。手机优惠券一般以手机为使用终端，消费者可以在手机上直接下载后再去商家使用，不仅帮助用户节省消费成本，同时也为商家节省了营销成本。

优惠券按照用途可分为六种，分别是：现金券，消费者持券消费可抵用部分现

培养孩子高财商的100个细节

金；体验券，消费者持券消费可体验部分服务；礼品券，消费者持券消费可领用指定礼品；折扣券，消费者持券消费可享受消费折扣；特价券，消费者持券消费可购买特价商品；换购券，消费者持换购券可以换购指定商品。

2. 教孩子收集优惠券

知道了优惠券的诱人好处后，那么孩子如何才能收集到合适的优惠券呢？家长不妨从以下两个方面入手。

找专业优惠券折扣网站。像类似大众点评网、找券网这种优惠券资源十分庞大的专业折扣网站，网站上都有站内搜索，直接输入关键字如"肯德基"一找一个准。家长可以教孩子把这些网址都收藏起来，以备使用。一般每个月的最后几天和月初几天，是商家调整价格或启动促销活动的时间段，所以要关注这几天的优惠券信息，上这些网站搜罗优惠券，一般特别优惠的优惠券数量有限，可要抓紧抢了。

新店开业送优惠券。刚开业的新店都会以超低的折扣吸引人来消费，这时就会送出不少优惠券。

第五章

提高孩子财商的7个家庭理财"小实习"

对于孩子来说,他们处于懵懂时期,许多事情都是知其一不知其二,甚至其一也是一知半解,特别是在花钱上,孩子往往想不到那么长远。这时,家长就要对其进行相应的理财教育了,而家庭理财就是其中很重要的一个方面。家长可以教孩子先规划一下家庭里支出的种类,再把这些项目对应的预计花费的数额列出来,分摊到每个月,计算出每个月的开销。根据自己的收入,把这些钱按类分配。这样的"小实习"对锻炼孩子的理财能力有很大的帮助。

 细节40：教孩子学做家庭预算

小飞花钱一点计划也没有，早上给他的零花钱，不到中午就有可能全被他花光了。几次之后，妈妈实在是忍受不了他的浪费行为，就对他说："钱要有计划的去花，要不然，真到你需要钱的时候，却没有钱了，怎么办？"

"有爸爸妈妈啊。"小飞满不在乎的回答把妈妈气得要死，妈妈叉着腰厉声说道："你以为爸爸妈妈还会再给你钱花吗？从今天开始，你的零花钱扣掉，再也不给你了。"

"哇……"小飞被吓坏了，哇的一声哭了出来。

这时候，爸爸从房间里走了出来，听到他们的话后，对妈妈说："你这样教育孩子是不行的，看我的！"

说完，就蹲下身子，抹干儿子的泪，对他说："儿子，你知道咱们家的钱是怎么花的吗？"

小飞摇摇头，爸爸把他拉到沙发上坐下后，起身去书房的书柜里拿出了一个本子又返了回来。小飞抹着泪朝本子上看过去，外皮上写着大大的四个字——家庭预算。

"这是什么？"他问。

"是我们家的花钱计划啊。"爸爸打开本子，让儿子看里面的内容，只见每一页都满满地写着各种花销计划。例如，每个月生活储备金共1500元，水电费等花销200元，买衣物300元，蔬菜瓜果500元等。

在每个月的计划最后，还有个小括号，标注着：用在儿子身上必须要占总金额的三分之一。

小飞看见这行字，马上不哭了，抬起头问爸爸："为什么我们家要做这样的计划呢，别人家也是这样吗？"

"我相信，不光我们家有这样的小本子，其他人家里也有这样一个计划表。这是因为钱是有限的，可我们的需求是无限的，如果不做到有计划的花钱，像你一

样，一拿到钱就大手大脚的花掉，那我们每到月底，岂不是连吃饭的钱也没了？！难道你想和爸爸妈妈一起饿着肚子，喝西北风？"

"呃……"小飞缩了缩脖子，小声说道："肚子饿很不舒服的，会没有力气读书学习的。"

"对啊，所以为了不饿肚子，爸爸妈妈必须要做好花钱计划，保障小飞你每天都有可口的饭菜吃。"摸摸儿子的头，爸爸继续说道："所以呢，爸爸妈妈给了你零花钱后，就没有剩余再多给你零花钱了，为了不让爸爸妈妈为难，为了能有钱花，你自己是不是也应该做个花钱计划呢？"

"可是我不知道应该把钱花在什么地方，爸爸帮我一起做计划，好吗？"小飞可怜巴巴地看向爸爸，爸爸当然很乐意参与儿子的活动，点头答应了下来，小飞高兴地跑去拿纸笔了。

对于孩子来说，他们处于懵懂时期，许多事情都是知其一不知其二，甚至其一也是一知半解，特别是在花钱上，孩子往往想不到那么长远，这时，家长就要对其进行相应的理财教育了，而家庭预算就是其中很重要的一个方面。家庭预算是指家庭未来一定时期收入和支出的计划，时间可以是月、季和年。家庭预算表非常类似收支年度统计表。做家庭预算的目的是为了规范支出，帮助家庭改善财务状况，使家庭财富的增加。单纯的讲概念，孩子不容易理解，家长可以用"我们下个月打算买什么东西，大概花多少钱，超出就不能再花了"等通俗的语言讲解。并在实际例子中给孩子讲："爸爸妈妈在以后做家庭预算时，你也参与进来，我们一起做好吧？"调动孩子的积极性，让孩子在参与中了解到预算的更多知识。

比如，在每个季度或每年固定时间举办简单的家庭会议，每人提议家庭中要增加的大件物品、个人希望实现的愿望，然后大家讨论决定，列入预算。这样的方式，有可能避免家庭成员对自己付出与收获不对称的不满，也有助于更细致地制定预算。

然后，家长可以教孩子先规划一下家庭里支出的种类。比如说：保险，正常生活开支（水电费、饭菜钱、车钱等），旅游的费用，人情交往方面的费用，最重要的是结余。然后把这些项目对应的预计花费的数额列出来，分摊到每个月，计算出每个月的开销。根据自己的收入，把这些钱按类分配。最后，就是准备几个银行卡，把每份支出放进对应的卡里面。用哪一方面的钱就从哪个卡里取，比较容易控制不超支，即使超支也会知道是哪方面超支了。然后，再根据实际情况做调整。

细节41：教孩子从零花钱里留出紧急备用金

阳阳生病了，妈妈带着他去医院看病，最后开了一大堆药，让阳阳妈去买，阳阳看护士姐姐递过来那么多药，突然拉着妈妈就往外走。

妈妈没想到儿子生病了还这么大力气，差点被他拉倒。

"阳阳，你这是怎么了？咱们药还没买呢。"妈妈赶紧拉住阳阳问。

阳阳红着脸，迷迷糊糊地用力摇头道："不买，贵。"

"啊？"妈妈大吃一惊，心中暗想，儿子这是在心疼钱吗？

她说："可是不吃药病就不会好啊。"

"爸爸说，治病要花很多钱，爸爸妈妈挣钱很辛苦，我不想让爸爸妈妈更辛苦。"阳阳低着头回答。

妈妈听了，高兴地一把抱住了儿子，对他说："治病是很花钱，但是爸爸妈妈早就预备了帮阳阳治病的钱，所以没关系啊。"

"爸爸妈妈早就知道我会生病？"阳阳不可思议地抬起头来，妈妈摇摇头，说道："爸爸妈妈怎么可能知道你会生病呢，不过为了应对这一时刻的到来，爸爸妈妈提前就把你的治病花销准备了出来，这就叫紧急备用金。"

"紧急备用金？"阳阳歪着头，不明白妈妈话里的意思。

妈妈只好耐心地解释道："紧急备用金，就是爸爸妈妈为了应对各种意外情况而一点点存下来的钱。就拿你这次生病来说，爸爸妈妈用的就是这笔备用金，这样一来，咱们日常的开销一点也不会受到影响，爸爸妈妈也不用更加辛苦的去挣钱啊。"

"那如果爸爸妈妈生病了，也可以用这些钱吗？"阳阳问。

妈妈点点头，说道："当然可以。那么，儿子现在放心了吗？咱们能去买药了吗？"

"嗯。"阳阳轻点了下头，不过还是很小声地说了句："但是也别买太多哦，吃不完浪费了。"

见自己儿子这么懂事,知道节省,妈妈欣慰地笑了。

阳阳是个懂事的孩子,但为了省钱而不让妈妈买药就有些教条了,无论家庭中的哪位成员患病后都要及时医治,尽早治好才是最经济的方式,而久拖不治反而会让病情恶化,最后花的钱更多,对身体的损害更大。阳阳是个孝顺的孩子,他担心的花费问题其实早就被解决了,这就是妈妈讲的家庭紧急备用金。这个钱就是用来应付出现意外的,无论是生病或是出现其他意外情况急需用钱时,这个备用金就派上大用场了,不至于事到临头而家里筹措不出钱而误事。家长在对孩子进行理财教育时也要把这个备用金的理念教给他,让他明白"有备无患"的重要性,那么,在讲这个理财方法时要注意哪些问题呢?

1. 让孩子学会如何留出备用金

对于孩子来说,他的备用金要留出多少才合适呢?家长可以根据孩子的年龄来区别对待,当孩子还在上小学时,一般身上留有十几元的备用金即可;当孩子上初中后,一般有三五十元即可。孩子的备用金不宜放在他的钱包、裤兜等常用的地方,要教孩子放在书包的夹层、身上不常用的衣兜里等地方,在日常不用,只能"专款专用"以备紧急情况用。

2. 让孩子从中学到"忧患意识"

在孩子认同备用金的理念并能照做后,家长可以引导其进行多角度看待这件事,让他明白这个理念其实可以应用到很多地方,比如在出外游玩时,要对意外情况进行大概的估计,并适当携带些钱、水、干粮、常用药物等应急之物,以免真出现意外时手忙脚乱。再比如,教孩子做事都先考虑到"出现不良情况时怎么办",让孩子心里能有忧患意识,才能更好地生活。

第五章 提高孩子财商的7个家庭理财"小实习"

 **细节42：让孩子养成喜欢记账的好习惯**

成成经常见爸爸妈妈在一个小本子上写写画画，感到很好奇，难道爸爸妈妈每天也要写作业吗？

这天，他又看见爸爸把小本子拿了出来，准备在上面写东西，他赶紧跑过去，抱着爸爸的腿问："爸爸，你是不是也在写作业，让我看看你写的是什么，好不好？"

"爸爸已经不用写老师留下的作业了，不过呢……爸爸自己给自己留了作业，每天都要把作业写在这个本子上。"爸爸想了想，回答道。

"自己给自己写作业？是什么作业？"成成歪着脑袋问道。

"咱们家的收入和花销记录啊。"

"那是什么？"成成不明白地问。

爸爸把他叫到身边，耐心地回答道："家里每个月的生活费是固定的，如果花销大于咱们家的收入，可又不知道是哪里多花了钱，岂不是很令人头疼？所以每天及时地把今天家里的花销记录下来，等到月底核查的时候，就会知道，哦，原来是这里花了不该花的钱啊。那么咱们下个月就可以把这方面的花销去掉，这样不就省掉一部分钱了嘛。"

"原来可以有这样的用处啊，那我是不是也可以帮爸爸妈妈做记录呢？"

"当然可以。"爸爸点头说道："其实，你也可以给自己做一个记录册，把自己使用零花钱的情况记下来，每个月的月底，就可以和爸爸妈妈一起查看收支状况了啊。"

"这真是个不错的方法，爸爸，快教我怎么做收支记录吧。"成成高兴地抢过爸爸手里的小本子说道。

故事中的成成看到爸爸经常在本子上写写画画，感到很好奇就去问爸爸，原来爸爸在做的是"记账"的作业，成成看爸爸记得很认真，而且对家庭还很有好处，就勾起了他的兴趣，也想学爸爸妈妈那样记账。在爸爸的指点下，成成有了自己的记账本。这是一个很成功的理财教育案例，其成功之处在于家长的因势利导，让孩子在兴趣的指引下主动学习记录收支，这要比家长"要求""命令"孩子去做效果要强得多。处在这个时期的孩子，会将任何有趣的东西都看成是玩乐，他们也更喜欢在玩乐中学习、探索未知的奥秘，也因此才会在遇到困难时不会轻易放弃。反之，如果家长是强迫孩子去做的，就会触动其逆反心理。

在教孩子做收支记录时，家长应注意哪些问题呢？

1. 明确目的

家长要明白，自己记录收支账目和教孩子记录收支的目的不完全一样的。成人做记录就是要想方设法控制支出项目，合理安排花销，使家庭财富得到增长。教孩子做记录，最主要的目的是让他明白"什么是理财"，学会分析自己的支出行为是否合理并养成记账的良好习惯。让孩子养成了良好的习惯，以后才会对"理财"感兴趣并取得较好的收效。

2. 教孩子及时记账

家长可以教孩子制作一张收支表记录每天的花费和收入。收支表的类别不需要很多，只把支出分成食物、衣服、零食、学习用品、玩乐等类即可。当孩子买了东西后，家长应让他及时记录，不要拖到第二天。另外，让孩子明白记录的越细致越好，比如在逛过超市，拿到购物小票后，要清楚记下消费时间、金额、品名等项目，如没有标识品名的单据最好马上加注。

3. 用多种方式激发孩子记账的兴趣

孩子的天性是喜欢玩耍，对枯燥、简单重复的事情兴趣不大。家长可以据此采取多种方式激发孩子记账的兴趣，比如和孩子一起设计绚丽多彩的记账本，用不同颜色的笔记录不同的开支项目；如果这个月的某项开支比上个月减少了，就在这项上贴上小红花作为奖励；和孩子互相检查对方的记账本，给对方挑挑错；给孩子介绍几种简单实用的家庭记账软件，让孩子自己研究等等。

 细节43：教孩子学会水电气节约

夏天天气炎热，曼曼最喜欢开着空调睡觉了，就算是到了半夜，她也不让爸爸妈妈把空调关上，每次都坚持要开一整夜。

"妈妈，我喉咙和脸很干，很不舒服。"第二天早上，曼曼都会发出这样的感叹，妈妈总是对她说："还不是你晚上吹空调吹的，费电又伤身，以后别吹了。"

"可是很热啊。"曼曼很不愿意地看向妈妈，妈妈拿着今天早上送来的电费单据，对她说："看看，这个月的电费比上个月多了小三百呢，这可是你三个月的零花钱。为了补贴家用，妈妈决定这两个月不给你零花钱了。"

"啊！"曼曼失声尖叫起来。两个月没有零花钱，这不等于是不让她活嘛。

"妈妈，妈妈我错了，我再也不浪费电了，可是晚上睡觉很热怎么办？"曼曼实在是受不了热，苦着脸问妈妈，妈妈想了想，对她说："我们冰箱里不是有很多冰吗？今天试试用冰块来降温怎么样？"

"冰块……"曼曼用力的点了点头，心里暗想，没准半夜醒来的时候，她还能偷两块冰吃吃呢。

有了这个方法，曼曼家用空调的时间大大减少，没多久曼曼的零花钱又恢复了。

有一次做饭的时候，曼曼发现妈妈在往锅里倒热水，她好奇的走进厨房，问妈妈："妈妈，你怎么把热水倒锅里了。"

"热水烧得快啊，这样没一会儿咱们就能吃上饭了，不仅节省了时间，还节省了煤气啊。"妈妈对曼曼说："爸爸挣钱养家是很辛苦的，我们不能帮他什么忙，起码要学会节约啊。"

"原来如此，那我以后也要跟妈妈学习怎么节约。"曼曼乐呵呵地说道。

教孩子节约的一个好方式，就是从家庭生活中入手，而日常水电气等的节约就是首选。家长在节约教育中，可以和孩子喜欢的小创新、小发明结合起来，既能开发孩子的智力，提高其创新能力，又能让其亲眼看到节约的好处，体会做事成功

培养孩子高财商的100个细节

的快乐。下面，我们就水电气的节约教育提出一些具体建议，以供家长参考。

1. 教孩子在如何节水

每次洗澡前，先用水桶接冷水，到热水出来后再洗，接的冷水拖地，冲马桶等；把总阀门关得小一点，让水小一点；淘米的水洗菜，洗菜的水搓抹布、拖地板、冲马桶；有条件的，可以把洗衣机里出水口接到容器（浴缸、水桶）中，接到的水另外使用。将卫生间水箱里的浮球向下调整2厘米，这样每次冲洗可节省近3公升水。按家庭每天使用4次算，一年可节水4～5吨。

2. 教给孩子省电妙招

多使用节能灯，减少厨房和卫生间的长明灯，选用灯具时尽可能少用阻碍光线通过的磨砂玻璃或半透明灯罩。客厅里的吊灯往往有多个，把灯头拧松确保开灯后只有一两个灯会亮即可。夏季空调设置在26～28℃为宜，减少电冰箱开门次数和开门时间。电视机音量不宜过大，因为每增加1瓦音频功率，就要增加3～4瓦电功耗。

用电饭锅煮饭时，将淘洗的米浸泡10分钟后再煮可以省电；电饭煲煮同量的米饭，700瓦的电饭煲比500瓦的电饭煲更省时省电；使用吸尘器时清除过滤袋中的灰尘可减少气流阻力，提高吸尘效率，减少电耗。

3. 如何节省煤气

天然气燃烧时火焰呈红黄色说明缺氧，产生"脱火"现象则说明空气过多，此时可适当调整灶具风门，待火焰呈紫蓝色时表示燃烧充分。做饭时，尽量避免烧"空灶"；若是烧汤，先用大火烧开，关小火只要保持锅内滚开而又不溢出就行。在蒸米饭和煮粥的时候，用热水壶烧开水然后加到锅里，这样能节省不少气，而且速度也会快很多，这个其实很科学，营养能被更好的保留，口感也好。平时要注意保持锅底的清洁和干爽，因为有时东西会溢出来在锅底影响传热，所以每隔一段时间就要刷锅底，刷完锅后要保持锅底的干爽，以便热能尽快传到锅内，达到省气的目的。在煤气灶上加装金属环，保证热量不散失，条件好的可以把金属环制成可以储水的，用过灶头后放出来的水是热水等等。

第五章　提高孩子财商的7个家庭理财"小实习"

 **细节44：家庭如何节约——废物利用也省钱**

君君的棉袜子破了个洞，他想都没都就扔进了垃圾桶，妈妈看见后，赶紧捡起来，对君君说："洗一洗，晾干了有大用处呢。"

"破袜子能有什么用，妈妈就爱捡破烂儿。"君君撇撇嘴，没当回事，起床去洗手间洗手了。

"妈妈，没有香皂了。"君君在洗手间里喊。

妈妈听见了，拿了一块新香皂走进来，有点疑惑地问："我记得还有一点啊。"

"都拿不起来，扔了。"君君接过新香皂，面不改色地说道。

妈妈听了，叹出一口气，对他说："你怎么又浪费，这些东西以后有大用处呢。"

"都是没用的废物、垃圾，能有什么用？"君君不相信这些东西能有大用处，就笑话妈妈："妈妈你就是太抠门了。"

妈妈笑着摇摇头，捡起香皂头走了出去。

转眼一年过去了，春节将至，和其他人家一样，君君家也准备搞次大扫除，把一年的尘灰全出去，干干净净的过个年。

可大扫除要用很多工具，比如，洗涤灵、清洁剂、拖把和大量的抹布。这得花不少钱吧，君君觉得因为大扫除而花这么大一笔花销有些太浪费了，便和妈妈商量，能不能少买几样东西，节约一点。

谁知道他刚把想法告诉妈妈后，妈妈竟笑着问他："谁说我们要买清洁工具啦。"

"咦？"君君愣了一下，问："那我们不搞大扫除了？"

"大扫除要做，但是东西不用买。"

"可我们家里没有清洁剂之类的东西啊。"

"谁说没有，喏，全在那个柜子里放着呢。"

君君一溜小跑，跑到妈妈指的柜子旁，打开了最下面的柜门，看见里面竟然有

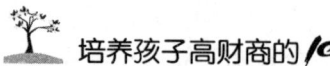

各种各样的"垃圾"——他的旧袜子、牙膏管、肥皂头。

"这些东西，就是我们的清洁剂和抹布。"妈妈说完，就开始张罗起来，肥皂放在热水里煮开，一大盆清洁剂就出来了。君君试了试，竟然比超市里买的还方便。

一些旧衣服被裁成了抹布，擦起玻璃来，又方便又干净，旧袜子做成了拖把，用起来都很棒。

"妈妈，你真是太聪明了，我以后再也不乱扔东西了，全留下来打扫卫生用。"君君嘿嘿笑道。

故事中，君君的妈妈就是利用他扔掉的袜子进行改装，在大扫除的时候派上了用场，节省了不少钱。可见，现在的家庭生活条件越来越好，家里的各种用品也很多，经过一段时间的积攒，日常的废弃物就会不少，而这些东西看起来是无用的，但是只要换个角度思考，就会发现它们中的许多还是能"发挥余热"的。

1. 教孩子多角度看事情

家长应常和孩子一起对家里的无用物品进行检查，并一样样询问："这东西好像还有用喔？丢掉实在太可惜了。"并引导孩子思考它们都还有哪些用处，教他想尽一切办法把每样有用的东西更换用途再度使用。这种方法能有效激发孩子的想象能力，鼓励他的创作力。

2. 教孩子制作小手工

生活中容易找到的废物如易拉罐、纸盒等正好是孩子的手工课需要的。家长可以将日常用品的包装纸盒拆开反向折叠回去，表面的图画就没了，可以随孩子去创作了。再如，将牙膏盒掏几个窗子作个火车也是不错的方法。

3. 教孩子整理废物卖钱

家里的无用废物，除了必须扔掉的卫生垃圾之外，家长还可以教孩子将各种废物如废书报纸、塑料瓶等分类整理，积攒到一定的程度后，将它们卖给回收废品的人员，这样不但处理掉了垃圾，还能获得一些经济收入，一举两得！家长可以告诉孩子，以后家里的废物处理后的收入都归他所有，这样更能提高他的劳动积极性，培养其理财意识。

第五章 提高孩子财商的7个家庭理财"小实习"

 **细节45：教孩子学会预防经济损失**

琴琴和奶奶出去玩，谁知道刚出门不到半个小时，琴琴就风风火火地跑了回来，见到爸爸妈妈就哇地一声哭了出来，不一会儿，奶奶也回来了，同样苦着脸，眼睛红红的，像是哭过。

爸爸妈妈一看这个情况，问道："琴琴，怎么回事？"

"钱……钱没了。"琴琴呜咽着回答道。

"钱没了？怎么没的？"妈妈问。

听到他们问，琴琴低头哭得更伤心了，奶奶也红着眼睛抹起泪来，爸爸妈妈心里更急了，到底是出了什么事？

原来，奶奶本来想和琴琴回来的时候去银行取点钱的，但走在路上，刚好看见一个ATM机，奶奶就想着顺路取了钱，玩一会儿就直接回家去。

谁知道她刚输好密码，要取钱的时候，身后猛地撞过一个女人。女人迅速地把手伸到ATM机的按键上，点了取消后，把卡送到奶奶手里，不好意思的对她说："老人家，真不好意思，我急着取钱，让我先来吧。"

奶奶觉得无所谓，就愣愣地退到了后面，看着女人取完钱，取出卡来走了。当再轮到她取钱时，她突然发现银行卡被调包了，手里的卡并不是自己那张了。

去附近的一家银行挂失，银行人员却说不是在本行办理的，不能挂失。奶奶和琴琴这才无奈地回了家，让爸爸妈妈帮忙拿个主意。

"哎，你们怎么这么不小心呢。"爸爸叹了口气，问清楚卡里其实没有多少钱后，说道："我先去开户行挂失，看看能不能赶在小偷之前把钱锁住，要是实在不行，就当花钱买个教训，以后取钱的时候一定要小心啊。"爸爸匆匆穿好衣服，出了门。

琴琴和奶奶的遭遇想必不少孩子都经历过，犯罪分子的犯罪手法多样，他们常常会将孩子作为目标偷窃、诈骗等方式谋得钱财。因此，家长在对孩子进行财商教育时，还要让孩子明白"能创造财富，也要能守住财富"的道理，除了不能奢侈地

消费外，预防被盗、被骗等意外损失也是很重要的一课。需要注意的是，孩子身上不宜有过多的钱财，还应教育孩子当遇到危险时人身安全是第一位的，不能因保护钱财而使人身收到伤害，也要告诉孩子报警、寻找警察求助的方法，让他知道遇到这类事情如何处理。

1. 教孩子如何在外防丢钱

家长可以给孩子选择裤袋较深的裤子或者是牛仔裤，因为比较紧，不易取出也不易掉出。另外，如果是男孩子的话最好挑一些比较厚实的钱包，一方面比较重，另一方面又能使裤袋更充实点，不易掉出。但不要在钱包上挂任何挂饰，以免使小偷注意到裤袋有钱包或者手机一类的财物。如果不是有什么特别要买的，钱包里不要放太多东西，最好放少于200元现金，银行卡通常只放一张，里边钱不超过1000元且设定密码，而且身份证和银行卡不要同时放到钱包里。

钱的存放要化整为零，至少应分在两处。元和角票是最频繁使用的，对这些钱宜分散放在上衣和裤子外面的几个口袋里，每处放十几元即可。

出门在外时，要教育孩子不能因劳累疲乏而忽视了对自己钱物的保管。要尽量把物品集中放在可以经常照看得到的地方，使物品随时在自己的视线内；也不要将物品交给不熟悉的人看管。

2. 教孩子预防诈骗

家长还要教孩子学会预防诈骗，主要是预防丢包诈骗、廉价卖东西和电话诈骗。要提醒孩子遇见陌生人同自己搭讪的时候，一定不要搭理、相信陌生人，要随时警惕坏人；在遇见精神有问题的人员时，应该离开得远远的，不要接近。

丢包诈骗是指骗子把纸张切成与人民币大小一致的一叠长方块，最上面放人民币，用橡皮筋捆牢，瞅准下手目标后，在其附近故意丢失，一旦有人将其拾起，他们就以"见面分一半"为由，套取捡拾者身上的现金。

廉价卖东西诈骗是指骗子将高档手机、游戏机等孩子喜欢的东西廉价出卖给他们，其实这些东西都是假货，或者以次充好的，引诱孩子上当后，骗取其钱财。

电话诈骗一般是骗子先取得孩子的信任，骗取其家长的联系方式后，通过电话以各种谎言向家长骗钱。

第五章 提高孩子财商的7个家庭理财"小实习"

 细节46：让孩子明白"健康是最大的财富"

林林今天在学校里学习了新的知识——吸烟有害健康。

一放学，他就迅速往家跑，对妈妈说："妈妈，我们不能再让爸爸吸烟了。"

"哦？为什么啊？"妈妈微笑着问。

林林回答道："因为很浪费啊。"

"浪费？"妈妈有些吃惊，她以为儿子是因为烟味很难闻才这样说的，现在看来，应该是另有原因。

"对啊，我们老师说，吸烟不仅浪费钱，而且对身体的伤害很大，会得癌症的，我不要爸爸生病。老师说，因吸烟导致的生病是不好的行为，会加大爸爸妈妈的负担，浪费钱的。"

见儿子还是一知半解，妈妈趁热打铁，对他说："对，爸爸的行为真的很浪费。吸烟不仅要花钱，还得担心会不会生病，如果生病了，就得花钱去治病，简直是浪费中的浪费。"

"嗯，嗯。"林林用力点点头，说道："而且很多病并不是一次就能治好，治一次，要花一次的钱，要很多很多钱才能把爸爸的病治好啊。"

他说这话的好像爸爸已经因为吸烟生了病一样，把妈妈逗笑了。

林林又说："妈妈不是教过我，要学会节约吗？爸爸的行为这么浪费，一点也没有学会节约省钱，妈妈，我们一起让爸爸戒烟吧，要不然，咱们家的钱再多，也得全送到医院去。"

"好，晚上爸爸回来咱们就好好给他上上课，怎么样？"妈妈点头说道："而且，不仅是爸爸，林林和妈妈也要注意尽量不要让自己生病哦，要不然，大大小小的损失算在一起，没准我们都能买起一座漂亮的别墅了。"

"啊？我要漂亮别墅，既然这样，我一定每天都用心锻炼身体，保证把自己锻炼的健健康康的，一百年不生病！"

"嗯，妈妈也一百年不生病，咱们都不生病，做个节约的人。"

"嗯!"林林点点头,母子俩相视一笑。

故事中的林林在老师的教育下,明白了健康不但对生活的影响,还知道了这个问题中蕴含的经济道理,并想到爸爸吸烟的危害,这是一次成功的健康教育,也是成功的理财教育。

而在实际生活中,家长和孩子往往比较关心具体的理财方法,在勤俭节约和劳动创富等方面比较重视,但是往往会忽略健康方面的"理财"。而在家庭支出中,医疗往往是比较大的一项,如果家长能从自身做起,尽量戒除吸烟、饮酒等不利于健康的行为,不但能为家庭节省不少的开支,还能给孩子树立一个良好的榜样,让孩子真正意识到健康是最大的财富,对自己、对家庭有着非常重要的意义。

1. 让孩子知道"节俭不等于有病不治"

在给孩子进行健康和理财的双重教育时,家长除了讲解"省钱""不生病的好处"外,还要让孩子知道"人生病是不可避免的""只有减少生病的次数,而不可能一直不生病"这个道理,以免孩子产生片面的认识。即,有了小病就要及时诊治,而不能为了省钱就一直拖着,病情只要不及时治疗,就会越来越严重,甚至出现小病拖延成大病的危险状况。因此,及时治疗,也是积极面对问题,解决问题,真正省钱的方式。

2. 用"木桶原理"让孩子明白"补短板"的好处

"木桶原理"是说木桶能盛多少水并不取决于最长的那块木板,而是取决于最短的那块木板,短木板越短,木桶里的水就漏得越快。所以,适时地维修补长木桶短板才能保证桶里的水不会漏出。

如果我们将身体看作是一个大木桶,那么身体是否健康就取决于整体的健康,而不是身体某些重要部位的健康或者表面的健康。而身体某个部位的损伤或者任何一种不起眼的小病,都很可能成为我们整体健康的"短板",给身体健康带来短板效应。要避免"小毛小病"的短板效应并不难,只要我们在平时生活中稍加注意即可。

第六章

让孩子在劳动中体验财富的宝贵

摩根财团的创始人老摩根就要求自己的孩子每个月以做家务的方式"赚"取自己的零花钱。让孩子在劳动中获取钱财,能更好地让孩子体会到赚钱的辛苦,并且能让孩子及早明白有付出才有收获的道理。因此,我们家长可以借鉴老摩根的这种教子方式,让孩子为自己挣一份零花钱,在劳动中体会挣钱的不容易。

 **细节 47：怎样培养孩子的商业意识**

小蕊和爸爸妈妈一块去公园玩，玩了一会儿，小蕊口渴了，就对妈妈说："妈妈，我去买水喝吧。"

"好啊，帮爸爸妈妈也买一瓶。"妈妈把钱送进小蕊手里，微笑着说道。

小蕊点点头就跑开了，不一会儿，拎着一个袋子跑了回来。

"爸爸妈妈，我买了果汁和矿泉水，想喝哪种你们自己拿哦。"小蕊撑开袋子为自己拿出了一瓶矿泉水，咕咚咕咚没一会儿，就把一整瓶喝完了。

妈妈笑道："喝个水都这么急，又没人和你抢。"

"我是真的口渴了嘛。"小蕊无辜地看向妈妈，随手把手里的空瓶扔向了垃圾箱。

"哎，等等。"妈妈伸手去拦，还是晚了一步，只好叹着气跑到垃圾箱旁，把瓶子捡了出来。

"妈妈，你要空瓶子做什么？又不能用了。"小蕊好奇地问。

这时候，爸爸也把喝光的空瓶子交给了妈妈，对小蕊说："谁说没用了。"

"有什么用？废物利用吗？"小蕊拿过妈妈捡起的空瓶子，仔细地研究了半天，也不知道它能做出什么有用的好东西来，可看爸爸妈妈的样子，貌似确实很有用处一样，她不由得困惑起来。

还是爸爸解开了她的疑惑，对她说："你可别小看这样小小的一个瓶子，积攒的多了，不仅有大用处，还能卖不少钱呢。"

"哦……原来是卖钱用啊。"小蕊这才明白过来，原来爸爸妈妈把旧瓶子收集起来，是准备卖钱的。

见女儿似乎不太在意，妈妈强调道："这叫有商业头脑和商业意识，我们应该学会在任何时候都保持一份商业意识，在别人看不到的地方，意识到商机。"

在上面的故事中，小蕊因没有意识到旧瓶子也能赚到钱而感到困惑：为什么爸爸妈妈要把扔掉的瓶子再捡回来呢？在现实生活中，也会有不少孩子产生过这种疑惑，不明白为什么会有那么多人热衷于"翻垃圾"这一"活动"。孩子们看到的往往是垃圾箱的脏，而没有看到里面的种种"商机"。

可能父母会问，到底什么才是商业意识呢？让孩子有赚钱的想法就行了吗？事实并非如此。商业意识并不是这么简单的含义，而是一种能够贯彻于商业诸多环节的思维想法。也可以说是一种超前的理念，通过利用现在的商业知识和信息来展望未来。这需要父母培养孩子的市场洞察力和对事物的反应能力，并做出正确的行动。

1. 洞察力的培养

洞察力，简单来说就是学会观察。不仅仅是观察事物本身，还应让孩子学会从事物表面的一些现象推敲出有用的信息。比如，一件商品的包装突然换了，如果是比以前更精致了，那可能说明这家公司有扩大发展的可能性；如果是包装突然之间变差了，质量也大不如以前，那有可能这家公司面临着倒闭、破产的命运。

2. 让孩子自己拿主意

对于一件商品，该如何定位？该怎么卖出去？卖出去之后又该做些什么？这些看似简单却很深奥的问题，父母有时候会认为孩子太小而不让他们独立思考，大多情况下都替孩子拿好了主意，孩子只要照着做就行。

孰不知，这正是扼杀孩子商业头脑的元凶之一。试问，一个连自己在做什么、为什么这样做都不知道的人，又如何会生出创业致富的想法？所以，父母在教孩子与商业行为接触的时候，应该多鼓励他大胆发言，说出自己心中的想法，自己为自己拿主意。

细节48：教孩子从信息中发现商机

爸爸和儿子一起看电视，有一个节目是讲一位名人是如何从穷小子变成大富翁的。

节目里说，名人一开始只是在报纸上看到了一条信息，他从这条信息里发现了商机，并一步步付诸于行动，经历了一个个失败和成功才走上了今天的致富之路。

儿子看完后，十分惊讶，对爸爸说："爸爸，这个人好厉害，别人都没有发现的机会，被他抓到了。"

爸爸点头回答道："对啊，这是因为他时刻都在关注着各种信息，从这些信息中找出有用的东西并加以利用，才获得了成功。"

"信息真的有这么重要？"儿子歪着头看向爸爸，似乎不太明白这里面的道理，爸爸便对他说："当然很重要。如果我们不去关注信息，怎么可能知道外面的世界都发生了什么事情。就拿天气预报来说吧，如果今天天气预报说从明天开始要连下一个星期的雨，那么你会想到什么？"

"嗯……"儿子认真的思考了起来，有一会儿工夫后，才回答道："上学的时候一定要穿厚点衣服，带好雨伞。"

"但是有些人看到的却是钱。"爸爸说。

"钱？"儿子有些吃惊。

爸爸告诉他："对啊，下雨的话，行车会很不方便，所以瓜果蔬菜的运输很不便利，蔬菜的价格有可能上涨，所以在提前得知天气有变的时候，有些人就开始倒卖蔬菜赚钱了。我们出门要打伞，有些人则想到不可能人人都会备好伞出门，所以就开始囤雨伞，准备销售。"

"原来是这样，我怎么都没想到啊。"儿子懊恼的轻轻拍了拍自己的头，爸爸笑道："这就是信息告诉我们的东西，所以，有时间的时候，多看看信息有利而无害。"

"爸爸，我懂了！从明天……不，从今天开始，我就天天抱着报纸看，每一条信息都不会放过的。嘿嘿……"儿子咧嘴笑道。

犹太人说："要想做好生意，就得知己知彼。"《孙子·谋攻》里也讲过"不知彼，不知己，百战必殆。"由此可以看出，我们想做成一件事情，必须要做到知己知彼才行。如何做到这一点呢？这就需要利用我们身边的情报和信息了。

那么，父母在平时应该教育孩子从哪些方面收集信息呢？

1. 与人交谈中获取商机

在和身边的人聊天的时候，父母可能常常会有这种想法：啊！原来还有这么多就发生在我身边的事情我竟然不知道啊。有时候，自己左思右想都想不明白的问题，在和朋友或家人聊天之后却豁然开朗，突然明白自己要怎么做了。这就是你在和他人聊天的时候"捕获"到了有用的信息。

所以说，如何才能更快、更全地收集到信息，和他人聊天是再好不过的方法了。不过毕竟"口说无凭",交谈中获得的信息并非百分百可信的,父母还应教给孩子鉴别有用、无用信息的方法。

2. 报纸、新闻中的商机无限

日常生活中最常见到的东西往往记载了大量的信息,这些信息中没准就有一个商机在等着你。

父母可以从教孩子阅读报纸开始,让孩子先学会了解信息,再慢慢学会对收集到的信息进行分析并做出优劣判断,择优选用。

当然,除了了解身边的信息,父母还要教孩子知己。要让孩子知道自己需要的是什么,哪些信息对自己是有用的,而不是盲目信从。

细节49:适合孩子在家"挣钱"的几种方法

小路问妈妈:"妈妈,怎么做才能有钱花呢?"

妈妈微笑着回答她:"当然是去挣钱啦。"

"挣钱啊……"小路想了想,高兴的回答道:"那就是把自己的东西卖出去换钱呗,我也会!"说完,就一溜烟跑回了房间。

妈妈好奇她要做什么,便跟着她进了房间。只见小路在房间里跑来跑去,不停的翻找着什么东西,不一会儿,床上就摆了一大堆花花绿绿的东西。有毛绒玩具,也有一些精美的故事书和衣服。

妈妈问:"你在做什么?"

小路兴冲冲地指着床上的东西,对妈妈说:"我要把这些东西全卖掉。"

"把这些全卖掉?"妈妈大吃了一惊,又仔细的看了看床上摆着的东西,玩具和故事书也就算了,那些衣服中有一些可是她不久前才买回来的。

见女儿用力地点点头,妈妈赶紧说:"你想赚钱是件好事情,但是方法有很多,不一定只有卖东西一个方法啊。"

"是吗?"小路歪着头问。

妈妈点点头,指着一件新衣服说道:"这件衣服是你最喜欢的,你舍得卖掉?

第六章 让孩子在劳动中体验财富的宝贵

而且你卖掉了，妈妈还得再给你买衣服，挣不到钱，反倒赔钱了呢。"

"那怎么办？赚钱还有什么方法呢？"小路可怜巴巴地看向妈妈，妈妈微笑着摸摸她的头，说道："有很多种啊。比如，你可以帮妈妈洗碗、扫地，用做家务活的方法赚钱啊。还能帮别人做事情，用自己的劳动换取金钱。"

"妈妈，我懂了，那我今天就帮妈妈洗碗，好不好？"小路高兴的说。

我们做父母的也不可能让孩子从小就外出打工，挣钱来养家。父母其实并不在乎孩子将来能挣几个钱，能否养活一家人。相反，很多父母甚至想养孩子一辈子。

但这些毕竟都不现实，为了孩子能早一天学会自立自强，父母还是趁早教孩子一些生存之道比较好。

我国是反对雇佣童工的，那怎么做才能既合法又能让孩子体会到挣钱的快乐呢？相信很多家长都试过让孩子通过自己的劳动换取零花钱的方法。没错，让孩子用做家务的方法来获得报酬是再好不过的挣钱方法了。

摩根财团的创始人老摩根就要求自己的孩子每个月以做家务的方式"赚"取自己的零花钱。让孩子在劳动中获取钱财，能更好的让孩子体会到赚钱的辛苦，并且能让孩子及早明白有付出才有收获的道理。

因此，父母完全可以使用老摩根教育孩子的这种方式，让孩子为自己挣一份零花钱。那么，哪些家务活适合孩子来做呢？我们一起来了解一下吧。

1. 洗涮餐具

现在的孩子都是娇生惯养的，父母因为担心孩子在劳作的时候会受伤、受苦，便阻止孩子进行一切家务劳动。父母的这种娇纵态度使孩子越来越像"小皇帝"，惰性大增，再加上做家务对自己没有任何好处，孩子便对家务劳动越来越敬而远之。

父母可以设立一个奖励制度，让孩子多接触厨房里的工作。这些家务简单又没有危险，父母可以放心让孩子做。当孩子完成任务后，父母可以根据奖励制度，对孩子进行一定的金钱奖励，具体奖励多少，因人而异，父母觉得不夸张，孩子觉得能接受的尺度最佳。

另外，在孩子洗刷餐具的过程中，难免会出现一些小意外，比如，不小心把碗摔碎了。这时候，父母不要急着批评孩子，以免影响孩子的积极性。

2. 拖地、打扫卫生

在国外，对孩子进行的理财教育更被视为是一种生活教育，是让孩子体会生活艰辛的一种教育。国外的父母认为，如果不是自己挣的钱，孩子永远不会真正体会到赚钱有多辛苦。

像上面洗碗洗菜的家务活比较适合恬静的女孩子,如果让男孩子来做这些事情,估计要不然厨房就变成水房,要不然没几天父母就得为家里添置新碗筷了。

男孩子力气大,可以根据这一点,让他们做些更合适的工作来赚取零花钱。比如,拖地和打扫卫生。

在拖动扫帚和拖把对房间进行大扫除时,让孩子在流下辛勤的汗水之时,深刻体会到工作是多么辛苦的一件事,而父母每天在外工作完,回家还要进行家务工作,更是苦上加苦。从而唤起孩子对父母的感激之情和对工作的意义的认识。

3. 收集废品

如果父母认为做家务活是孩子应尽的责任和义务,不想用这个方法让孩子赚钱,那么,可以教孩子"另谋出路"。收集废品就是一项不错的赚钱方法。

父母可以把家里用过的旧物品交给孩子打理,教孩子学会分类和整理,能继续使用的可以卖给需要的人,不能继续使用的可以当废品卖掉。父母可以把这些知识教给孩子,然后教孩子从中谋利。

细节50:让孩子自己尝试当"老板"

秦宝是个有爱心又有责任感的好孩子,别看年纪小,办起事来一点也不比大人们含糊,在小区里,受到了大家的好评和信任,经常把一些鸡毛蒜皮的小事交给秦宝,让他帮大家处理一下。

当然,这些事情一般都很容易解决,比如照顾李家的孩子、寻找赵家的宠物等。

有一天,秦宝和爸爸妈妈在家里看电视,新闻里播放了一条比较有趣的消息,说是一个人在小区里开办了一个万事屋,帮小区里的住户们解决一些困难。像是换个灯泡、照顾下孩子之类的事情,和秦宝正在做的事情还挺像。

妈妈就开玩笑说道:"我看小宝你也去开一个这样的公司好了,又能帮助人,又能挣钱。"

爸爸也点头附和道:"我看行,小宝,怎么样,自己当老板赚钱?"

"不行,不行,爸爸妈妈别取笑我了。"秦宝连连摇头,脸都变得通红。

这个时候,刚好有邻居来请秦宝帮忙遛狗,听到他们的谈话后,马上笑道:"这个主意不错,我们一直受小宝照顾,也不知道怎么回报,这个方法不错,就当给小宝一些零花钱嘛。"

爸爸妈妈又帮秦宝琢磨了一下,觉得这还真是个可行的方案,能让儿子及早接触商业的一些东西,也许是件好事。

"那爸爸当老板,我帮爸爸打工好不好。"秦宝还是有些犹豫,自己当老板什么的,他从没想过。

"爸爸妈妈有自己的工作啊,而且这不是你喜欢做的事情吗?自己当老板,还可以雇你的小伙伴一起帮助小区里的邻居们,大家又能挣到零花钱,何乐而不为呢?"爸爸鼓励道。

秦宝听了爸爸的话后,若有所思地沉下了头,不一会儿,他抬起头,说:"妈妈,我想试一试。"

"这才对嘛,初期的成本,爸爸帮你出!"爸爸高兴地把儿子举过了头顶,父子俩玩耍了起来。

让孩子自己创业当老板,听起来很荒唐,但却是培养孩子财商的好方法。当然,我们在乎的并不是孩子到底能挣到多少钱,而是想利用这个方法让孩子在成长过程中学会如何理财。

1. "父母不在,我就是小老板"

有份报纸上曾发表过这样一篇报道:8岁孩子为照顾生病的父母,自愿担任自家小店的"小老板",帮助父母买卖商品,挣钱养家。

李先生一家本来生活的和和美美,在小区里开了家小卖部,可说是吃穿不愁。但有一天,李先生和李太太生病了,这可愁坏了一家人。治病需要钱,生活也需要钱,可现在他们卧床难起,小卖部没人照应,以后生活可怎么办啊。

就在这个时候,李先生8岁的儿子"挺身而出",对爸爸说:"爸爸,我来看店。"

就这样,李先生的儿子当起了小老板,在亲戚朋友的帮助下,把小卖部的生意看管得很好。

李先生的儿子因为家庭遭遇变故而不得不"上阵迎敌",在现实生活中,家里也开着店面的父母不妨也像李先生那样,让孩子也体会一下"当家作主",当小老板的感受。没准那时候你会发现，原本什么都不会的孩子竟然有这么大的本事。

2. 教孩子摆摊

孩子从小到大用过的东西不少，但用破用坏的却不多，很多东西修整一下和新的没两样。而且，大多孩子都"喜新厌旧"，用旧的东西就扔到一边，而看见新的好东西，又央求父母帮自己买回来。

对于这种情况，父母完全可以借机锻炼一下孩子的经商能力。

"咱们可以买新的，但旧的你毕竟得卖出去才行。"父母可以这样对孩子说，然后帮助孩子把旧的、可以二次出售的东西收集在一起，让孩子自己当老板，把东西卖给需要的人。这样一来，赚回来的钱就可以用来买新物品了。既锻炼了孩子的能力，又让孩子多了份零花钱，何乐而不为呢。

3. 外国孩子更爱创业

相信很多人都知道美国卖柠檬水女孩的故事。一个7岁的小女孩打算卖自制的柠檬水而被卫生监督员驱逐出市场，这在美国引起了强烈反响，反对卫生监督员的驱逐行为。这是为什么呢？因为他们认为柠檬女孩的行为应该得到大众的支持，她更符合美国的创业精神，更能培养出孩子独立、自强的积极态度。

其实大部分美国人在小时候都有和小伙伴或家人一同出售柠檬水的经历，这在美国一直被视为最基础的创业课程，是培养孩子财商的必经之路。

细节51：让孩子走出家门"工作"

小莲是个勤快的孩子，经常帮爸爸妈妈做一些力所能及的家务活，爸爸妈妈为了表彰她的行为，就对她说："作为鼓励，爸爸妈妈给你点零花钱好了。"

"谢谢爸爸妈妈。"头几次，小莲都感激地收下了爸爸妈妈给的零花钱，不过慢慢地，她就高兴不起来了，撅着嘴对爸爸妈妈说："老师说，帮助父母干活是孩子应该做的事情，爸爸妈妈总给我钱，就好像我是寄养在咱们家的工人一样。爸爸妈妈以后还是不要给我零花钱了。"

第六章 让孩子在劳动中体验财富的宝贵

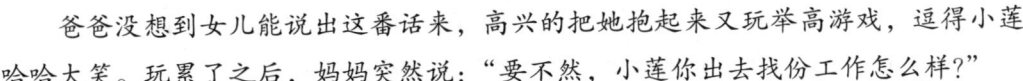

爸爸没想到女儿能说出这番话来，高兴的把她抱起来又玩举高游戏，逗得小莲哈哈大笑。玩累了之后，妈妈突然说："要不然，小莲你出去找份工作怎么样？"

"妈妈，我还是小学生啊。"小莲吓了一跳，赶紧跑过去搂住爸爸的脖子小声说："爸爸，妈妈变成我后妈了。"

"别胡说。"爸爸弹了下她的脑门，然后认真地说道："妈妈的意思是，让你走出家门，去帮别人做一些事情，试着自己挣零花钱，这不是很好的'工作'吗？"

"原来是这样啊。"小莲松了口气，不过接下来，她又苦恼地说道："可是我还是个小孩子，没人愿意请我吧。"

"我们可以找熟人帮忙啊。比如说你李阿姨不是自己开了个泥塑工作室吗？我们可以去问问她要不要请你当杂工。"

"我最喜欢李阿姨做的泥娃娃了，去她那里帮忙，一定十分有趣。"小莲拍着手从爸爸身上跳下来，像只小燕子一样，飞快地奔出了家门，边跑边说："我现在就去请李阿姨雇佣我当帮手。"

孩子在家帮爸爸妈妈做些力所能及的家务活来赚钱，毕竟和成年人打工的意义是不太一样的。所以，为了能让孩子更好地体会到"工作"的含义，并教会孩子在生活中主动发现一些"商机"，让孩子走出家门，去找一份工作，显得尤其重要。

美国的父母从小就开始培养孩子的挣钱能力了，而且培养孩子"财商"的方法多种多样。

我国很多家庭也都开始重视起孩子的财商教育来。为了让孩子们能体会到打工挣钱的辛劳，父母和社会想出了一个又一个方法。比如，开展仿真城市活动，让孩子在这个浓缩的城市里扮演各种各样的职业，体验打工挣钱的乐趣。

当然，这毕竟是大规模的团体性活动，在平时的日常生活中，父母应该怎么做才能让孩子体会到打工的乐趣呢？

在美国，再富有的家庭也不会娇纵孩子，更不会放纵孩子随便花钱。有这样一个故事，说的是美国一个富翁为孩子准备了最好的生活环境和学习场所，但是富翁却对孩子说："从今天开始，你自己的生活用品和学习用品，要自己想办法挣钱去买，爸爸妈妈已经为你花了不少钱了，不会再帮你在这些方面掏钱了。"并且，富翁为孩子指出了一条路，可以帮助一个农场挤奶来挣取每个月的生活费。

我们中国父母也可以效仿这一点，不妨对孩子心"狠"一点，严格一点。但也不是掐断他所有的去路，而是为孩子指出一条明路，引导他走出家门，用自己的双手挣钱养活自己。

比如，父母可以和亲朋好友联合起来为孩子创造一个适宜的工作环境，比如，去亲戚家打个工，帮朋友家做件事，这些都可以交给孩子去完成。

细节52：告诉孩子哪些钱不能碰

最近，妈妈感觉儿子宁宁手里的零花钱似乎突然变多了，而她并不记得自己有多给他零花钱，这是怎么回事呢？每每看着儿子买回来一大堆东西，妈妈就心神不宁，几次问他，他都说是靠自己的能力挣的钱，但具体问他挣的是什么钱，他却不回答了。

"宁宁，吃西瓜了。"周末，宁宁正在房间写作业，妈妈把切好的西瓜端了进去。

看见儿子书桌上满满堆了很多书和本子，妈妈心疼的说道："你们老师怎么留了这么多作业，这得写到猴年马月啊。"

"也没多少，很快就写完了。"儿子猛地把桌上的书本推到一边，对妈妈说："妈妈，把西瓜放这儿吧，吃完我再写。"

"嗯，妈妈看看你写的什么。"

"啊……"

宁宁想拦，却已经晚了，此时，一本作业本，已经握在了妈妈的手里。

妈妈看了看，是数学作业本，再拿起一本，还是数学作业本，而且题目一样，字迹也差不多，有一本上面，还有刻意模仿别人字迹的痕迹。

"这是怎么回事？"妈妈合上本子，发现每个本子上的名字都不一样，有两个名字貌似是儿子同班同学的。

宁宁先是低下了头，待了一会儿，昂首挺胸说道："我在挣钱啊。"

"挣钱？拿别人的本子能挣钱？"妈妈本以为是儿子在抄同学的作业，但听到儿子的回答后，她觉得问题更加严重。

果然，没一会儿，儿子支支吾吾地回答道："我是帮同学们写作业，然后就能挣到钱啊。"

第六章 让孩子在劳动中体验财富的宝贵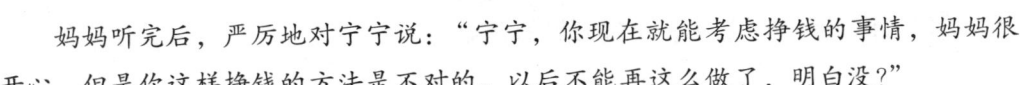

妈妈听完后，严厉地对宁宁说："宁宁，你现在就能考虑挣钱的事情，妈妈很开心，但是你这样挣钱的方法是不对的。以后不能再这么做了，明白没？"

"……哦……"宁宁似乎也知道这样做不太好，不安地低下了头。

有时候，父母可能会发现自己的孩子"头脑"真是太好了，好得都有点过头了。为什么这么说呢？因为他们为了能"挣"到钱，真是什么方法都能想到，什么"手段"都可以利用，就好像天生就是做生意的料儿！

但这些挣钱的方法其实是不对的，甚至有些还是违法的行为，如果不马上纠正过来，很可能导致孩子日后做出诈骗、偷盗等行为。

就像上面例子中的宁宁一样，他认为自己用自己的能力来赚钱天经地义，却没想过，这其实是很不道德的事情。写作业是每个学生应尽的责任和义务，必须由自己来亲自完成，这是对自己能力的肯定，不能随便找人代写或者是代替别人来写。如果用这种方法来赚钱就更不对了。

帮助人可以，但是也得用正确的方法来帮助别人，更不能披着帮助别人的外衣做些没有道德的事情。

那么，到底哪些是不道德的挣钱方法，父母应该怎么教孩子区分呢？我们可以用一个故事来教育孩子。

田田家不远处有个修车的小摊，这可是王爷爷的"宝地"，每天车来车往，王爷爷就靠这个小摊来挣钱养家呢。

田田有时候会问王爷爷："你为什么会收人家钱呢？"

王爷爷总是笑着回答道："因为我为他们修车、打气，为他们提供了服务，当然要收费了。"

田田把这句话记在了心里，当有一天王爷爷因事没有摆摊时，邻居刘叔叔知道田田家也有打气筒，就来他家借打气筒打气。

"田田，谢谢你。"打完后，刘叔叔把打气筒递还给田田，笑着正要离开时，却见田田伸出了手。

"怎么了？"刘叔叔问。

"打气钱啊。2毛。"田田理直气壮的说道。

刘叔叔愣了一下，尴尬的拿出钱包。

"田田，你这是不对的。"幸好妈妈这时候赶了过来。

妈妈对田田说："邻里之间是要互相帮忙的，这是无偿服务。如果大家帮个忙都要钱的话，那我们家该欠别人多少钱啊。"

田田很快就明白了过来,不好意思的向刘叔叔道了歉,以后再也没有乱向人收过钱。

从上面这个故事,我们不难明白不能什么钱都赚。有时候,一些没有道德的赚钱行为只会让我们失去很多其他的东西。父母应及时将这些教给孩子,让孩子知道哪些钱该赚,哪些钱是不应该赚的。

第七章

培养孩子投资意识的10个细节

在给孩子进行理财教育的时候，家长免不了要给他讲与投资相关的知识，让孩子明白原来投资可以有这么多种，而且他以前大都听过或见过，就不会再感到陌生和神秘了。给孩子讲投资的目的，并不是让孩子知道每种投资方式的优劣，去真正操作，而是让他增加些见识，对理财了解得更全面更深入，更重要的是，让孩子能明白"让钱生钱"的投资理念，明白自己手里的钱不但能买玩具、买好吃的等即时消费，还可以有多种用途，这对教孩子形成正确的财富观，学会自己挣钱有很大的帮助。

第七章 培养孩子投资意识的10个细节

 细节53：投资，让孩子了解"钱能生钱"的奥秘

邹文的爸爸是一名商人，白手起家的他现在已经很有成就了。邹文每每听爸爸讲起他辛苦的创业史，心里就会升起一份崇拜感，把自己的爸爸当成英雄一样仰望着。

邹文一直想向爸爸学些生意场上的事情，但总是找不到合适的机会。有一天，当他放学回到家里的时候，邹文发现家里来了一位陌生的客人，妈妈说："这是你爸爸的合作伙伴，他们有一些事情要谈，你不要去打扰哦。"

"嗯，我知道了。"邹文虽然嘴里应着，但心里早就想好了如何偷听他们的谈话，偷偷"取经"了。

邹文在书房门外偷听了半天，有一个词，总是会从爸爸的嘴里冒出来，那就是"投资"。他不明白地歪着小脑袋，继续偷听。可没一会儿，房门吱呀一声打开了，原来是爸爸和伙伴谈好了。

邹文一时不察，扑通一声扑倒在地上。爸爸见了，好笑地问他："你在这里做什么？是不是做什么坏事了？"

"没有。"邹文觉得有点丢脸，别扭地撅着嘴，抱怨道："谁让爸爸不愿意给我讲做生意的事情，我只好偷听学艺了。"

"哈哈，你儿子看来会是个很棒的接班人嘛。"旁边的客人听到邹文的话哈哈大笑起来。

邹文抬起头，看了他一眼，突然就问："投资是什么东西？"

客人愣了一下，笑着回答道："投资可是个好东西，能让你将来挣到更多的钱。"

"真的吗？怎么挣？"邹文很感兴趣地问。

"哎……"只见爸爸叹了口气，无奈地对他说道："本来还想等你再大点再和你讲这些，没想到你竟然这么感兴趣，那爸爸就和你讲讲吧。"

"真的吗？那爸爸快告诉我，投资到底是怎么回事，真的能在将来挣到很多钱？"

"投资，简单来说呢，就是把现在手里的钱花出去，期待这些钱，在将来能为你'生出'更多的钱来。"

"哇，好神奇啊……"虽然邹文还是一知半解，但他觉得，能让钱"生"出钱的东西，一定是很厉害的，他也好想"投资"一下。

在给孩子进行理财教育的时候，家长免不了要给他讲与投资相关的知识，首先让孩子认识的就是"投资"这个名词。投资是指牺牲或放弃现在可用于消费的价值以获取未来更大价值的一种经济活动。通俗地讲，就是邹文爸爸给他说的"投资，简单来说呢，就是把现在手里的钱花出去，期待这些钱在将来能为你'生出'更多的钱来。"这样一来，就将这种复杂的专业投资概念，简化成了从一百元"变成"一百二十元的"变钱游戏"了，更能引起孩子的兴趣。

在此，家长还可举例来进一步地解释：比如你现有 500 元零钱，你可以去买玩具、漫画书外加吃麦当劳等，也可以把它存入银行，两年后可获得利息，或者买入股票或基金等待分红或涨升，或者从古玩市场买入字画、等待增值，或者参股朋友所开的小店分得利润等等。第一种把钱花掉的就是消费了，而后面的把钱存银行买股票等等就是投资啦。

具体来说，在家庭投资中，除了上面提到过的买股票、基金、买字画，参股小店这几种方式外，还有投资债券、外汇、期货，购买房地产、金银珠宝、邮票等，或者创办公司等。这样细细罗列，就能让孩子明白原来投资可以有这么多种，而且他以前大都听过或见过，就不会再感到陌生和神秘了。

给孩子讲投资的目的并不是让孩子知道每种投资方式的优劣，去真正操作，而是让他增加些见识，对理财了解的更全面更深入，更重要的是让孩子能明白"让钱生钱"的投资理念，明白自己手里的钱不只能买玩具、买好吃的等即时消费，还可以有多种用途，有利于帮助孩子形成正确的财富观，学会自己挣钱。

 细节54：给孩子一点股票作为礼物

自从邹文从爸爸那里了解了投资这个词后，就开始密切关注爸爸的一切活动，看见爸爸在看报纸，他也会跑过去，问爸爸："爸爸，你在做投资吗？会'生'多少钱？"

"哈哈，你这孩子！"爸爸被他逗的哈哈大笑，弹了下他的脑门，回答道："爸爸只是在看报纸，没有做投资活动。"

"哎，真可惜。"邹文一脸惋惜的样子走开了。

有一天，邹文放学回家的时候，看到爸爸难得地坐在书房里，开着电脑似乎在工作，一脸认真的神情，吸引着邹文慢慢蹭了过去。

"爸爸，这红红绿绿的是什么东西？"邹文看了一眼电脑屏幕，满屏的线条看得他直发晕。

爸爸笑着说道："这可是好东西，能'生'钱哦。"

"啊！是投资？！"一听能"生"钱，邹文马上来了精神，爸爸笑骂道："真是个小钱精儿。"

"这叫做股票，爸爸这段时间正在研究它们，如果研究透了，就会把钱投在股票上，做股票投资。"

"股票投资？"邹文不明白歪起了小脑袋，眼神里全是疑惑，爸爸就解释道：

"投资有很多种方法，股票是其中一种，因为交易比较方便、灵活，而且挣的钱比较多，所以现在有很多人都在炒股，想从中获利。"

"我也要炒股挣钱！"邹文抱着爸爸一脸撒娇的模样，在他看来，能挣钱的都是好东西，好东西当然也不能少了他一份。

邹文的经历给我们家长提了个醒：孩子的好奇心是学习知识的动力，而且他往往不局限于课本，对哪些东西感兴趣，就会去琢磨研究，如果家长能善加利用，对孩子的财商教育有着事半功倍的效果。

具体来说，我们在给孩子进行股票投资介绍时，要怎么做才合适呢？

1. 让孩子明白什么是股票

家长可以给孩子讲股票的来历，股票历史上的故事等，让孩子在故事中增加对

股票的了解。比如,股票至今已有将近400年的历史,它是伴随着股份公司的出现而出现的,是当企业经营规模扩大与资本需求不足时产生的一种向社会募集资金的方式。持有股票的人就是这个公司的股东,他能参加公司的股东大会、投票表决、参与公司的重大决策,还能收取股息或分享红利等。而拥有这个公司的股票越多,股东的权力和收益也就越大,但风险也越大,一旦公司经营不善,股东就会损失很多钱。

2. 告诉孩子股票开户的常识

让孩子知道,炒股等股票投资都是通过第三方即证券交易所进行的,是需要先在这些机构开户才能进行交易。具体来说有以下几个步骤:

一是携带身分证到证券公司开户,以后你才有一个买卖下单的窗口。

二是证券公司会要求你到一家指定银行开户,这是为了方便(买股)代扣(卖股)代收股款用的。

三是在第一步骤中找一位认真一点的接单营业员,这个人将来会对你提供所有的市场资讯。

四是拿出一笔小钱,至少足够买几支股票。

3. 告诉孩子股票的一般操作方法

当家长看到孩子对股票交易的兴趣较浓时,可以对其讲解最简单的操作方法,让他了解这种投资的基本规则和"玩法",从最初了解时就能有一个较为正确和全面的认识,这对他日后的投资大有裨益。

4. 给孩子送一些股票作为其练手

"股神"巴菲特在十岁的时候就开始接触股票了,那时他的父母也是送给了他几只股票作为礼物,这让他对股票等投资产生了浓厚的兴趣。在课余时间,这个小孩子就开始"研究"股票,并尝试进行买入卖出。在两年的经验积累后,他已经从股票中赚得了上百美元,这在那个时候可是一笔不少的收入。到中学时,他已经成为学校里师生眼中的股票专家了。到他大学毕业时,已经拥有数万美元的资产了,这些钱大都是他从股市中赚得的。可见,孩子小时候的经历对他日后的成长有着很重要的影响。现在,国内的家长也逐渐开始接受"让孩子尽早接受投资理财教育"的理念了,在自己炒股的同时不妨向巴菲特的父亲学习,投点小钱给孩子买几只股票,让他"玩着"练手。当然,在孩子上手前,家长要将股票的交易常识给他讲解清楚,让他在模拟软件上练习熟练了才能真正操作。

细节55：成本意识让孩子做事能精打细算

因为邹文的强烈央求，爸爸把如何炒股的操作方法一点一点教给了他，而且为了能让他有实际操作经验，爸爸还下载了一个股票交易模拟软件给他用，让他在这个模拟的股票世界里，先锻炼一下自己。

半个月后，邹文已经能很熟练的在电脑上进行虚拟的股票交易了。

不过，他在模拟软件上操作的时候，总会遇到一个问题，买了某只股票，另一只股票就不能买了。这是怎么回事呢？邹文决定等爸爸回家后向他请教一下。

"爸爸，你快看看，是不是软件有问题。"

"应该不会啊。"爸爸疑惑地走了过来。

"爸爸你看，我要买这只股，结果不让我买，说出错了。"邹文亲自操作了一次，让爸爸看。爸爸看了下，突然哈哈大笑起来。

"儿子，你都没本钱了，怎么能买啊。"爸爸笑道。

"本钱？不可能啊，我还赚了不少呢。"儿子朝屏幕前凑了凑，爸爸指着一个位置对他说："你看，你这里已经买进了一只股，已经没有富裕的钱来买这支股了。"

"怎么会这样？"颇受打击的邹文慢慢低下了头。

爸爸问："难道在考虑买什么股票之前，你没有做一下成本预算？"

"成本？"

"虽然是模拟软件，但也是有一定的成本的，不可能你想买多少就买多少。初期大家的成本都是一样的，你得想办法用这笔有限的成本赚取更多的钱。而怎么花这笔成本就得靠你了。如果前期没有考虑到成本，那么后期很有可能出现像你这样的问题。"

"原来是这样啊，我如果想两只股都买，还得考虑到成本问题啊，看来是我失算了。"

邹文不好意思地笑了起来。

邹文用模拟炒股软件进行练习，具体的炒股步骤什么的学的挺快，但就是没有考虑到成本，即使是玩模拟软件，系统也会给出一定的出资额，让他进行练习，钱都投入进去后,再想买其他股票就不行了,只能将已有的股票卖出去一部分,回笼些资金才行。其实这个道理很简单,家长可以给孩子讲"这和你兜里有十元钱出去商店买东西,买了几瓶可乐后,钱花完了,想再买饼干什么的就不行了,要么再向父母要,要么就把已经选好的可乐放下两瓶换成饼干"听过例子后,孩子也很容易理解。

这件事儿说明了一个问题:孩子在花钱时往往没有成本意识,只是顾着自己喜欢什么就买什么,或者想用有限的钱去多买几样东西。但仅仅有消费的意识还是不够的,家长应从小培养孩子的成本意识,即手头的一点零钱是否都要花出去,都买什么更划算,怎么样才能让钱生钱等等。如果家长单单给孩子讲"要节俭节约,出门要关灯,及时关水龙头"等等,孩子可能会听了比较厌烦,但如果用炒股模拟软件等教他练习的时候,自然带上"成本"的限制,让他在有限的成本中想法挣更多的钱,这种类似游戏的方式能让孩子更容易接受,而家长借机让孩子明白"做其他事情也要考虑成本意识",会取得较好的效果。

在给孩子讲这个概念的时候,还需要注意的是,家长要起到榜样的作用。现在的孩子都很强的独立意识,单单通过说教的方式效果不彰,而且还很容易激起逆反心理,适得其反。想让孩子真正提高成本意识,一定要是家长从自身做起,人走灯灭、不浪费水等等,如果做家长能起到带头作用,孩子也明白自己该做什么。

细节56:基金投资,教孩子了解让别人帮自己赚钱

虽然邹文玩炒股软件玩得得心应手,但他还是有些不满足,感觉爸爸没有把全部本领教给他。于是他找到爸爸,问:"人家都说三百六十行,行行出状元,既然商场都能分这么多行出来,投资是不是也不仅仅只有股票投资呢?"

对于儿子敏锐的思维和头脑,爸爸感到很欣慰,便回答说:"确实如此,投资也是分很多种的,股票投资只是其中一种。"

"那其他投资方法有哪些?爸爸你快告诉我。"邹文兴奋的眼睛都快发光了。

虽然爸爸不知道儿子刚10岁就对这些问题这么好奇是不是好事,不过他在儿子面前,向来是有问必答的。所以听了儿子的话,他沉思片刻后,回答道:"正好爸爸今天要去见一个人,你下午又没课,和爸爸一起去吧。"

"去做什么?"

"投资基金!"爸爸笑道。

路上,邹文几次忍不住问爸爸什么是基金,但爸爸都只是笑笑,没有回答他的问题。

终于到达地方的时候,一个西装革履的男人接待了他们,爸爸似乎和他是老相识,坐在一起谈了大约半个小时后,爸爸笑着站了起来,同那人边握手边说道:"那我就把钱交给你了,你一定要帮我好好经营啊。"

"这是当然的。"男人笑着回答道。

不一会儿,爸爸就带着邹文走了出去。

"结束了?"邹文不可思议的问。

"结束了。"爸爸看着儿子,摊开双手回答道:"基金就是这么简单,选好投资什么基金后,只要把钱交给基金管理人去经营就行了,我们在家里坐着,就能获得利益。"

"这么好?那我们不炒股了,全投基金吧。"邹文欣喜的对爸爸说。

爸爸却摇摇头,说道:"投资基金虽然很省时省力,但是需要付出的成本太多,不仅要给对方佣金,还要支付各项服务费和成本费,所以得考虑一下我们的经济实力,能不能负担得起这些费用。"

"要是赚不了钱,还得给人家钱,那就不好玩了。"邹文一听爸爸提起这个费那个费的,就开始打退堂鼓了,这不是钱还没挣到,就得先付钱给别人吗?是得考虑清楚才能决定的投资方案。

与股票投资一样,基金也常见的一种是家庭投资方式,相比于股票投资,它还有一种优势,那就是对投资者的专业知识要求不高,只要选好合适的基金公司和投资项目,将钱投入后,让基金公司代为运作投资,自己日常查问监管即可。因此,在让孩子了解了股票投资的基本知识后,家长也可以将基金投资给孩子讲解下,并在实际的投资中让孩子也和自己一起监管了解,以增加其理财知识。

1. 告诉孩子什么是基金

投资基金是指发起人通过发行基金券,将投资者的闲散资金集中,交由基金管理人经营管理,并将投资收益分配给基金券持有人的一种投资方式。这个概念,家长只要让孩子了解,基金就是把钱交给投资专家,让他们帮自己投资,并和他们一起分得利润即可。

基金是投资是许多投资专家力荐的投资工具，它优势就在于我们可以让专家帮助自己管理经营投资资金，在投资不同的市场或地区时可以获得多重回报。

相对而言，基金是一种较为保守的投资方式，风险要比股票市场要小。当基金的价格达到预期水平时，便可以进行买卖。所以在进行基金市场的运作时，投资者也许不会像投资股票一样有强烈的"不确定感"。因此，至少在心理上，它要比一些高风险的投资活动让人感到放心。从这个角度上看，投资基金的确是一个明智的选择。

2. 给孩子介绍几种常见的基金

和股票一样，基金市场上的产品种类繁多，家长可以给孩子介绍几种常见的基金和其特点，以增加其了解即可。

公司型基金。投资者购买公司股票，并成为公司股东。该类型还可分为封闭式基金和共同基金。封闭式基金指的是基金的发起人或单位在设立基金时，限定了基金发行数量的总额，达到数量后基金宣告成立。共同基金其实就是一类投资公司。两者的区别就在于公司发行股票的数量是否有限制。有时，人们也将封闭式基金归纳到共同基金中。

对冲基金。这是最具"神秘感"的一种基金。对冲基金是私募基金的一种，其原理是投资人在两个不同的市场进行买卖，以获得双额收益。说得形象一点，对冲基金就是"用两条腿走路"的投资方式。由于它可以带动两方面的回报，多被专门追求高投资收益的投资人所青睐。当然，回报很高的对冲基金，其风险也是很高的。所以，在投资前，投资者应先做足研究与分析工作，不要盲目下手。

年金基金。是指被投资者定期向投资者提供一定数额资金的投资方式。年金资金是否适合自己与两个重要的时间点有关：投资者的退休时间、投资者的死亡时间。也就是说，退休后的寿命是衡量年金好坏的关键，这正是家庭投资需要考虑的。

细节57：期货，让孩子明白投资理财的多样性

静静去同学家玩的时候，同学的爷爷很开心地陪她们一起玩，还给她们讲了很多有趣的故事，不过有一个故事，静静印象很深，因为同学的爷爷在这个故事里，提到了一个词，是爸爸妈妈也经常提到的，那就是——期货。

不过以前她听爸爸妈妈说这个词的时候，没怎么在意过，可同学的爷爷讲的故事里，穷小子因为炒期货而变成富翁令她有些在意。期货到底是个什么东西呢？真的能赚到很多很多钱吗？

回到家后，她就赶紧奔向了厨房，找到妈妈后，问："妈妈，什么是期货？"

"想知道？"妈妈笑着问。静静用力地点了点头，说："听说期货能挣钱，这是真的吗？爸爸妈妈是不是也在用它挣钱呢？"

"期货呢，简单说来，就是我们在现在这个时间和对方进行买卖，但是商品要在之后的时间才能兑现。"

"啊？"静静听了之后，有点失望地说道："也就是说，现在就把钱给别人，等到很久之后才能拿到我们买的东西？那岂不是很危险？万一对方是骗子呢？"

"所以，我们要提前立一份合约啊，有了合约，就有法律保护了，这样就能放心的进行投资交易了。"妈妈解释道。

静静托起下巴轻声说："原来是这样啊，不过就凭一份合同就做这种交易，爸爸妈妈你们还真是胆大。"

期货也是家庭投资的一种常见方式，但它比前面讲过的股票和基金的风险都要高，相应的，其收益也要比它们高。在给孩子进行投资知识的普及时，根据其兴趣，家长也可适当给他讲些这方面的知识，让他明白投资方式的多样化即可。和股票投资不同的是，期货的风险很高，投入的资金也比较多，家长可以给孩子讲解，并让其用相应的模拟软件"玩耍"，但不宜让孩子进行实战。对家长来说，让孩子了解什么是期货，它分为哪几种，有什么特点即可，其他的具体操作方法什么，由于其年龄较小，则不宜讲授，待其长大后再了解也不迟。

1. 告诉孩子什么是期货

期货投资是指交易双方在现时进行买卖，但在未来的一段时间正式交割标的物的一种投资方式。与其他投资工具不同的是，期货交易中的法律色彩更为浓重。买卖双方在进行交易时要遵循期货交易所统一制定的标准化合约。这种合约严格地规定了商品的交货时间、交货地点、品种、数量、质量等交易要素，而唯一可变的是交易价格。期货合约的履行由交易所担保，不允许投资者以个人的名义进行私下交易。因此，这些介绍可以让孩子明白：期货投资更注重法律，即要求更严格地遵守规矩进行，否则会受到更多的损失。让孩子在心里有"赚钱要守法守规矩"的印象，以利于其成长。

2. 让孩子了解期货分为几种

期货投资的内容被称为"标的物"，可以是某种商品，如原油、大豆、铜等产品等；也可以是一种金融工具，如利率期货、股指期货和外汇期货等。这里的"标的物"比较难理解，只要让孩子知道有很多可以交易的商品就行了，其他的以后随着他年龄的增长会慢慢理解的。

3. 让孩子明白生意的多样性

期货交易的最大特点是现在交易，而货物要在约定的一段时期后才能交付，而且这种合约还可以再多次交易，这种方式看起来很复杂，但也能让孩子了解做生意的多种方式，让他在财商教育初期避免形成惯性思维，有利于其全面、正确看待投资和理财。

细节58：国债，把钱借给国家的一种安全理财方式

在静静的理解范围里，期货真的是件很危险的事情，万一对方之后没有如期把爸爸妈妈买的商品兑现出来，又或者他们买的时候贵，到兑现日期的时候商品降价了，爸爸妈妈岂不是赔光光了？

所以，为了避免这种情况的发生，她想替爸爸妈妈另谋一条挣钱的路子。于是，她来到同学家，想向同学的爷爷打听一些情况。

"爷爷,有没有比较安全的投资方法呢?"她问。

同学的爷爷愣了一下,惊讶的问:"你还小,问这些做什么?"

"我是帮爸爸妈妈问的。"

"原来如此。"爷爷松了口气,然后托起下巴思考起来:"比较安全的投资方法啊……那就只有把钱存到银行,或者是……"

"或者是什么?"静静紧张地等待着爷爷的答案,爷爷却不紧不慢地回答道:"购买债券!"

"债券是什么?"她歪着脑袋问。

同学的爷爷笑着回答道:"债券也是一种投资,政府或者是一些金融机构,为了筹集资金,会发行一种债务凭证,投资者可以按一定的条件,收取本金和利息。"

"政府也会筹集资金?"静静眼前一亮,同学的爷爷点头说道:"对啊,政府发行的债务凭证叫做政府债券,是一种很安全、很稳当的投资方法哦。"

"原来如此,那么……就是它了!"静静高兴地跳起来,对同学的爷爷说:"谢谢爷爷,我现在就回家告诉爸爸妈妈这个好消息。"

故事中的静静是个有心的孩子,当她知道期货是一种风险性较大的投资时,就为自己家的投资安全担心了,还主动向同学的爷爷请教,对于这么小的孩子来说这真是难能可贵。国债是由国家发行的债券,是中央政府为筹集财政资金而发行的一种政府债券,是中央政府向投资者出具的、承诺在一定时期支付利息和到期偿还本金的债权债务凭证,由于国债的发行主体是国家,所以它具有最高的信用度,被公认为是最安全的投资工具。

1. 让孩子了解国债的种类

我国国债分为凭证式国债、无记名(实物)国债、储蓄国债和记账式国债四种,让孩子了解其大概分类即可。

凭证式国债是一种国家储蓄债,可记名、挂失,以"凭证式国债收款凭证"记录债权,不能上市流通,从购买之日起计息。在持有期内,持券人如遇特殊情况需要提取现金,可以到购买网点提前兑取。提前兑取时,除偿还本金外,利息按实际持有天数及相应的利率档次计算,经办机构按兑付本金的1‰收取手续费。

无记名国债是一种实物债券,以实物券的形式记录债权,面值不等,不记名,不挂失,可上市流通。发行期内,投资者可直接在销售国债机构的柜台购买。在证券交易所设立账户的投资者可委托证券公司通过交易系统申购。

储蓄国债也称电子式国债,是政府面向个人投资者发行、以吸收个人储蓄资金为目的,满足长期储蓄性投资需求的不可流通记名国债品种。电子储蓄国债就是以电子方式记录债权的储蓄国债品种。

记账式国债以记账形式记录债权,由财政部发行,通过证券交易所的交易系统发行和交易,可以记名、挂失、可上市转让。投资者进行记账式证券买卖,必须在证券交易所设立账户。由于记账式国债的发行和交易均无纸化,所以效率高,成本低,交易安全。

2. 给孩子介绍其他类型的债券

家长还需要让孩子知道,除了国债外,还有公司债券和金融债可供投资,当然,它们的风险要比国债高,但回报率大都比国债高。

公司债券即企业债券,其发行主体多为股份公司,但是市场上也有非股份公司发行的债券产品。公司债券的利率一般会高于国债,但风险也会相对较高。

金融债券的发行主体为银行或一些其他的非银行金融机构。在我国内地,金融债券的发行单位主要为开发银行、进出口银行等政策性银行,金融债券的收益率通常要略高于银行存款利率。

细节59:让孩子知道金银珠宝也是投资品

有一天,放学回家的女儿突然听到爸爸妈妈在商量要去买黄金,女儿听了,连忙跑到妈妈身边,对她说:"妈妈,你们是要去买黄金首饰吗?也帮我买点什么吧。"

"爸爸妈妈可不是去买首饰的。"妈妈笑着回答道。

"那是买什么?难道是金条?哇,爸爸妈妈你们发财了吗?"女儿夸张地捧着脸喊道。

爸爸妈妈被她逗的笑了起来,妈妈拉过她,轻轻捏住她的脸蛋,笑道:"整天就会胡说八道,你这个小精灵鬼!"

"嘿嘿……疼……妈妈,快告诉我是怎么回事嘛。"女儿可怜地揉着自己的脸蛋，看着爸爸妈妈问："为什么突然要去买黄金。"

"做投资啊。"爸爸轻松地耸耸肩，回答道："黄金有着永恒的价值，而且还是有限的稀有金属，将来会越来越值钱的。所以我和你妈妈正在商量，要不要购入一些黄金，做投资用。"

"原来如此！嗯，嗯！现在的钱啊，那是越来越不值钱了，还是黄金靠谱。"女儿像个小大人一样，手托着腮，煞有其事地说道："爸爸妈妈，我支持你们，过两天咱们就一块去买黄金吧。"

故事中的爸爸妈妈商量的就是投资黄金，这对保护家庭财产有着重要作用。在孩子感兴趣的时候，家长不妨给他讲些关于黄金的故事和投资的价值以增长其见识。一般来讲，给孩子讲解什么样的黄金能用于投资、黄金投资的常见方式和金银珠宝的投资，让其有个大概的了解即可。

1. 让孩子了解金条（块）是最常见的黄金投资方式

黄金投资包括投资金条、金币、甚至金饰品等，但最常见、最保值的，不是那些黄金饰品，而是国家法定的"金条（块）"。投资金条（块）时要注意最好购买我国政府指定的黄金精炼公司制造的产品。这样，以后在出售金条时会省去不少费用和手续，如果不是从知名企业生产的黄金，黄金收购商还要收取分析黄金的费用。投资金条的好处是：不需要佣金和相关费用，流通性强，可以立即兑现，可在世界各地转让，还可以在世界各地得到报价。

2. 给孩子介绍其他几种黄金投资方式

除了购买金条外，一般家庭还会投资金币、纸黄金、黄金凭证等方式。

投资金币的方式有两种：纯金币和纪念性金币。纯金币的价值基本与黄金含量一致，价格也基本随国际金价波动。纯金币主要为满足集币爱好者收藏。纯金币与黄金价格基本保持一致，其出售时溢价幅度不高（即所含黄金价值与出售金币间价格差异），投资增值功能不大，但其具有美观、鉴赏、流通变现能力强和保值功能，所以仍对一些收藏者有吸引力。

纪念性金币由于较大溢价幅度，具有比较大的增值潜力，其收藏投资价值要远大于纯金币。纪念性金币一般都是流通性币，都标有面值，比纯金币流通性更强，不需要按黄金含量换算兑现。

"纸黄金"交易是一种由银行提供的服务，投资者毋须透过实物的买卖及交收来而采用记帐方式来投资黄金，由于不涉及实金的交收，交易成本可以更低；值得留意的是，虽然它可以等同持有黄金，但是不可以换回实物，而且"存款"没有利息。"纸黄金"是采用100%资金、单向式的交易品种，是直接投资于黄金的工具中较为稳健的一种。

黄金凭证是国际上比较流行的一种黄金投资方式。银行和黄金销售商提供的黄金凭证为投资者提供了免于储存黄金的风险。发行机构的黄金凭证上面注明投资者随时提取所购买黄金的权利，投资者还可按当时的黄金价格将凭证兑换成现金，收回投资，也可通过背书在市场上流通。

3. 让孩子了解金银珠宝的投资价值

家长可以给孩子讲解，除了黄金外，白银和珠宝也是常见的家庭投资方式。而白银的投资价值并不比黄金低。从储量来看，白银也十分稀有。白银不光可以作为货币，还被应用到工业等方面。所以，它也是比较好的一种投资选择。

投资钻石、翡翠等珠宝也可以保值，但是由于市场行情波动较大，且人们对它们的需求没有黄金和白银大，因此变现难度大，如果想靠此投资获得稳定可观的收益比较困难。

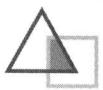

细节60：教孩子明白挣钱要"规避风险"

邻居王伯伯是个怪人，整天不出去工作，窝在家里不知道在做什么事情。小宇曾经问过妈妈，"王伯伯是不是在做坏事啊。"

妈妈却把他训了一顿，说王伯伯在做正经事情。但小宇可看不出王伯伯在做什么正经事。

不过，小宇还是挺喜欢怪怪的王伯伯的，因为只要王伯伯心情好，就会给他买很多好吃的和好玩的。

"王伯伯，你哪来这么多钱啊。"有一次，小宇嘴里吃着王伯伯买来的冰棍，好奇地问。

王伯伯呵呵笑道："炒股挣来的啊。"

"炒股？能挣很多钱吗？"

"当然,等你长大了,王伯伯教你炒股挣大钱。"

"好啊,谢谢王伯伯。"小宇对王伯伯的好感又增加了一分,虽然他还是每天怪怪的,每天就窝在家里的电脑前面忙碌着。

就在小宇"努力"地让自己快快长大的时候,发生了一件事情,王伯伯自杀未遂,被救了下来。

"妈妈,王伯伯为什么要自杀呢?"小宇拽着妈妈的衣角,悄声问。

妈妈叹了口气,说道:"都是炒股惹的祸啊。"

"炒股不是能赚钱吗?王伯伯说他炒股了赚了很多钱,很开心呢。"

"会赚,也会赔啊。炒股存在一定的风险,如果把握不好,就会把钱赔光的。"妈妈认真地对小宇说:"儿子,听妈妈说,做任何事情,都不是百分百成功的,肯定存在一定的风险,所以你长大后,千万不要学王伯伯,做些冒险的事情,咱们要知足常乐,明白吗?"

"哦。"小宇轻轻点了下头。

小宇本来很羡慕王伯伯,期盼着自己快快长大也能像王伯伯一样炒股挣大钱,但是,他没有想到的是王伯伯因赔钱过多而寻了短见,这让小宇很受震撼:看来炒股能挣大钱也能让人陷入绝境啊。这次的事件对小宇来说并非都是坏事,至少让他明白了"投资是有风险的"这个道理,而且是亲眼所见的活生生的例子,对他的震撼更大,教育效果会更好。

1. 教孩子知道"任何经济活动都有风险"的道理

家长在给孩子讲什么是风险时,应让他明白无论是做任何经济活动都是有风险的,完全没有风险的事情是没有的。因此,无论是投资还是做小生意,都要有风险意识,都要考虑到"做这个投资是否有风险呢?风险会是什么呢?"。久而久之,就会养成良好的思维习惯,能尽量避免风险的出现,减少我们的损失。此外,在孩子有了风险意识后,家长还可以告诉他"除了理财方面要考虑风险外,做其他事情也要考虑风险,比如危险的体育活动、出门在外的安全等等",让孩子能从这个角度看待周围的事物,更好地保护自己。

2. 教孩子知道如何预防风险

风险是无处不在的,那么我们就不做任何事情吗?孩子有时会提出这样的问题。家长可以告诉孩子"问题的关键是要怎么样能尽量避免风险,或者减少风险给我们带来的损失",具体做法就是,做事情前要能从正面和反面都看待问题,既要看到事情好的一面，也要看到其不利的一面。在看到对我们不利的一面即风险时，还要去寻找避免风险发生的方法，比如做事情要更加小心，在投资时要多方收集信息，多加比较等，不盲目下决定，多和父母商量，听取他们的建议等。

细节61：让孩子从保险中学会"转移风险"的理念

斌斌从今天开始就是一名小学生了，第一天上课，和蔼可亲的班主任老师就对班里的同学们说："虽然学校为你们准备了意外保险，但还是要特别注意安全，不要随便在马路上追打，也不要跟陌生人走哦。"

同学们欢快地应了下来，但斌斌却在想：意外险是什么呢？能吃吗？

回家后，斌斌就去问了妈妈，没想到妈妈听了后哈哈大笑了起来："能吃吗？哈哈……儿子，你太可爱了，来，妈妈亲口……"

"妈妈，我在问你正经事呢。"斌斌害羞地躲过了妈妈的"魔爪"，埋怨地看向妈妈。

妈妈只好耸耸肩，认真地回答起儿子的问题来。

"意外险是保险的一种，如果你在学校发生意外，受伤或者是生病了，保险公司就会按照合同对你进行赔偿，是很好的保障人身安全的方法哦。"

"那什么是保险呢？"斌斌又问。

妈妈想了想，回答道："保险就是把现在的钱，交到保险代理人手里，选择一种适合你的险种后，为自己的将来做好人生铺垫。"

"不太懂。"斌斌摇摇头，为什么要把现在的钱交给别人呢？怎么才算是为未来做好了铺垫呢？他抬头看向妈妈，希望她能给自己一个准确、清晰的答案。

妈妈想了想，然后说道："就拿奶奶的养老保险金来说吧。奶奶现在是不是每个月都会去领养老金？"

"嗯，对啊。"斌斌点点头，妈妈继续说："这是因为，奶奶在年轻的时候购买了养老保险，每个月拿出一部分钱缴纳给保险公司后，等奶奶退休后，每个月就能领取养老金来生活了。要是没有养老金的话，奶奶退休后没有工作，就没有收入了，岂不是过得会很可怜，所以，奶奶很早之前就想到了这一点，把以前自己的钱交给了保险公司，来换取现在的金钱保障。明白了吗？"

虽然妈妈的话有点绕，但斌斌还是明白了妈妈的意思，重重地点了下头，并认真地说道："妈妈，以后我赚了钱，也要为您买各种各样的保险！"

"真是妈妈的乖儿子。"妈妈高兴地说。

斌斌的学校给他买了人身保险，但没有给他讲清出什么是保险，保险有什么好处，这让他一头雾水，以致闹出了笑话。在妈妈的解释下，斌斌才知道保险是对他有利的，在遇到困难时会得到补助。前面我们讲过的风险的问题，家长要在对孩子进行理财教育时，给他讲到投资、赚钱都是有风险的，要注意规避才行。而本节的"保险"就是规避风险的一种常见方式，但它主要是用来对人身和房屋、汽车等家庭的不动产做保障的，并不能对投资的股票、期货等进行保障。

生活中，家长在给孩子讲保险的时候，主要是让他明白保险的大致内容以及学习分担风险，将损失转嫁的理念。

1. 让孩子了解保险的内容

保险是以合同形式确立双方经济关系，以缴纳保险费建立起来的保险基金，对保险合同规定范围内的灾害事故所造成的损失进行经济补偿或给付的一种经济形式，是最古老的风险管理方法之一。在家中，给孩子单讲保险的定义会很枯燥，家长可以结合与保险有关的历史，以讲故事的方式给孩子传递保险的信息，效果会好很多。

比如，在古代，人们就有了对付灾害事故的保险思想和原始形态的保险方法。我国历代王朝都非常重视积谷备荒。春秋时期孔子的"拼三余一"的思想是颇有代表性的见解。孔子认为，每年如能将收获粮食的三分之一积储起来，这样连续积储3年，便可存足1年的粮食，即"余一"。如果不断地积储粮食，经过27年可积存9年的粮食，就可达到太平盛世。

2. 让孩子有"将损失转嫁"的意识

家长给孩子讲保险的常识并不是让他了解其中的内容或者具体如何投保，而是要让孩子明白这是一种损失分摊方法，以多数单位和个人缴纳保费建立保险基金，使少数成员的损失由全体被保险人分担。即有了损失可以让大家一起来分担，这样就减少了自己的损失和经济压力。这种"损失转嫁"意识对孩子的理财、投资、创业乃至以后的学习、工作都有十分重要的作用。

 细节62：让孩子从集邮中学习投资

东东的爷爷有很多精美的小册子从来不让别人看，妈妈说那是爷爷的宝贝，警告东东千万不要乱碰。

但是，越不他碰，他的好奇心就越重，越想一探究竟。

这一天午后，爷爷又开始整理他那些小册子了，东东蹑手蹑脚地靠近，终于能看到册子里的东西时，却失望地叹了口气。

"哎，我以为是什么呢，原来是邮票啊。爷爷真小气，不就是几张小邮票嘛，天天当宝贝一样不让别人碰。"东东撅着嘴说道。

爷爷回头笑道："这虽然是邮票，但确实是宝贝呢。"

"咦？有什么特殊意义吗？"东东好奇心又起，伸出手想要碰时，被爷爷挡住了。

"这是爷爷集的邮票，有很多已经是老古董了，可不能随便用手触碰。"爷爷说。

东东这才看见，爷爷的手上戴着干净的白手套，而册子里的一些邮票，纸张的颜色确实有些老旧了。

"邮票也能成为古董吗？"东东知道被称为古董的东西，一般都是很值钱的，所以再看爷爷手里的册子里，小心了很多。

爷爷点点头，说道："虽然有不少人搞收藏只是个人爱好，但大部分还是期盼着自己的收藏品能够增值，获取巨额利益。"

"那爷爷的收藏增值了吗？"东东小心翼翼地问。

"哈哈……"爷爷哈哈大笑道："当然，那可是你想象不出的数目哦。"

从那之后，东东再也不敢随便乱动爷爷的小册子了，总是崇拜地看着爷爷，让他讲一些邮票的故事给自己听。

东东发现爷爷在集邮后，感到十分失望：这邮票有什么好的？在爷爷的讲解下，才明白这是一种投资，而且现在这些老邮票已经很值钱了。在家庭中，像东东

爷爷那样的对集邮感兴趣的大有人在，他们不仅把集邮当成一件乐趣，还把这看做是一种低投入高回报的高雅投资方式。集邮能成为一种受大众欢迎的投资项目，是因为它独特的魅力所致。邮票不但能让人获得精神、文化、知识、情操上的陶冶与娱乐，还能由低价投入高价售出获得物质上的回报及其带来的成就感。更重要的是，集邮的门槛很低，用一点钱就可以开始起步，比如可以先买数套邮票，然后根据兴趣逐渐增加品种和数量。

从对孩子的培养角度看，集邮还有助于孩子日后更易获得成功。儿童行为专家认为，集邮者需要具备一些重要的性格特征，如决心、注重细节及耐心等，孩子从小从集邮中培养这些特质，对他们日后在学习、工作及生活方面的成功有很大的帮助。美国教育专家研究发现，喜欢集邮的孩子对学习的兴趣明显增加，日后有七成考上了大学，有六成的人收入比没有集邮历史的人高三分之一。可见，集邮对孩子的成长大有裨益。家长可以先让孩子对集邮产生兴趣，然后引导他深入了解这种投资，并举一反三，进一步认识画作、古书、古董等其他的投资。

1. 如何教孩子集邮

集邮投资可以选择从某个时间发行的邮票开始，条件好的可从1967年发行的"文"字邮票开始；条件差一些的可选择从孩子的出生年开始。选择邮票来投资，家长可以避免一些不必要的烦恼，因为不论邮票市场的行情如何波动，邮票价格始终逐渐走高，风险自然是极低的。

为了帮助孩子识别邮票，增长集邮知识，一般可以先交给孩子邮票分类知识。我国发行的邮票有普通邮票、纪念邮票、特种邮票、航空邮票、欠资邮票等。从内容上又可分成动物邮票，如熊猫、金丝猴等题材的邮票。按分类集邮是培养孩子集邮的最好方式。可让孩子一个时期收集某一类邮票，还可以让孩子同时收集某几类邮票，分门别类，按册收集，也可搞专题收集，如让孩子专门收集美术作品的邮票或动物邮票，逐渐深入。

2. 让孩子了解其他的"另类"投资

另类投资，指的是除了传统的股票、债券、基金等金融投资工具之外的一些投资方式，如艺术品投资等。随着人们生活品质的不断提升，越来越多的人开始将钱投资在自己的兴趣爱好上，他们可以成功地将艺术与金钱相结合，不仅修身养性，还获得了名利双收的效果。

这让许多人在羡慕的同时，也开始了解收藏品投资这一新的投资途径。

我们平时耳熟能详的收藏品，如字画、古玩、古宅（类似于房地产）、红酒、钻石、邮票等，都是备受许多投资者青睐的投资项目。最近，该行业又流行着这样几种更为独特的收藏品：粮票、彩票、股证、磁卡。这四种收藏品被称为"四大名流"，也是收藏品投资者们的新宠。

有些人可能认为这些都是很普通的物件，没什么稀奇。其实，所有的投资项目都有其价值，并且可以用金钱来衡量，今天被你当成破烂的一件物品，就很可能在多年后的某一天，成为收藏品市场的宠儿。这些投资的种类很多，也都有多重价值，在收藏的同时还能学到很多有用的知识，家长可以带孩子多参观、了解这些收藏，以扩大其知识面，培养广泛的兴趣。

第八章

培养孩子财商离不开的9个经济常识

GNP（国民生产总值）、货币购买力、网络经济、公共资源……这些都是我们常见的经济名词，看起来它们和孩子的生活相距甚远，在很多的家长眼里，即使离得近也没有必要让孩子了解这些专业术语。其实不然，在对孩子进行财商教育时，孩子多少会问到和这些经济常识有关的问题。到时，家长就不宜避之不讲了。在本章中，针对这些问题，我们给出了实用的家教建议，希望能给家长以帮助，增加孩子对创造财富的兴趣。

 **细节63：让孩子从GDP中了解到生活水平的变化**

吃过晚饭，虹虹一家人坐在电视机前，津津有味地看着《新闻联播》。突然，虹虹指着电视笑了起来。

"虹虹，怎么笑成这样？新闻也这么好笑吗？"妈妈不解地问道。

虹虹又笑了好久，才捂着肚子回答道："妈妈，这个主持人好笨哦，你看他，把标题的字都念错了。"

"咦？没有吧？"爸爸听闻，扶了扶眼睛，仔细的瞅向电视屏幕，可始终没看出哪里有问题。

"真的有啊，刚才那个叔叔念的是国民生产总值，可是电视上明明写的是英文字母，他太笨了，汉字和英文都分不清了。"

"哪几个英文？"妈妈问。

"好像是……GDP"虹虹凭着记忆回答道。

爸爸听了，哈哈大笑起来，对虹虹说："国民生产总值和GDP是一个意思，你冤枉主持人了。"

"是吗？那它到底是什么意思？"虹虹歪着小脑袋，疑惑的问。

"国民生产总值，简称GDP，是指全国人民劳动的总收入。"爸爸推了推眼镜，认真的回答道。

"总收入？我还是不明白。"虹虹摇摇头，她还是不明白。

爸爸想了想，回答道："说的简单点，就是咱们家，所有人一年工作获得的总收入的值，就是咱们家的GDP。比如，爸爸一年能挣5万块，妈妈一年能挣3万块，家里只有爸爸妈妈挣钱养家，那么5+2得7，这7万块就是咱们家的GDP，明白了吗？"

"哦，原来是这个意思啊，现在明白了。嘿嘿……"虹虹恍然大悟。

也许有家长会有这样的疑问：孩子还小，给他讲这些复杂的概念有什么用呢？还不如给他讲些如何省钱、如何积攒零用钱更有实际意义呢！这样的说法也有道理，但是如果孩子像虹虹一样问起来时，我们还是要给他解答的，既能满足其好奇心，也能让其学到一点点理财的知识，也是一件趣事。当然，更重要的是，在给孩子讲这些比较"形而上"的知识时，要注意适可而止，照顾到孩子的理解能力，不能讲的太深奥以致挫伤其学习新知识积极性。

对于家长来说，在对孩子进行理财教育时，这些可以作为点缀融入其中，是否讲解根据孩子的意愿和兴趣而定，在讲述后，更要将孩子的注意力引导到对这些名词的实用性上。也就是说，通过实际例子讲过国民生产总值后，家长可以给孩子这样一个看问题的思路：这是国家衡量经济水平的一个方法，也是比较我们自己家庭收入的一个方式，收入多了，我们的生活就会更好，收入少，生活自然就差些了。由此及彼，孩子还可以想到自己的成绩、个头等也和GDP一样，是进行比较的一个工具，只不过比的是学习的成绩，自己的身材而已。即做任何事情都有一个标准来衡量自己做到什么程度了，这才是让孩子了解GDP的目的。

细节64：让孩子关心自己零花钱的购买力

妈妈想让女儿从小就了解一些关于经商和经济方面的知识，每天都会为女儿讲一些财商故事。

今天，妈妈又讲故事的时候，女儿突然抬头问："妈妈，什么是货币购买力？"

"宝贝什么时候学了个新词，很棒嘛。"妈妈夸奖道。

"是爸爸告诉我的，可是我不明白它的意思，妈妈能帮我解释一下吗？"女儿腼腆地笑道。

"当然可以！"妈妈亲切地抱起她，想了一会儿，才慢慢说道："货币购买力指的是咱们手里的钱的购买能力。"

"还是不明白。"女儿眉头都要皱起来了，妈妈看了，连忙笑道："妈妈还没讲完呢，你听妈妈继续说嘛。"

"好，妈妈快说。"

"比如说，今天我们手里的一百块钱能买回来一件衣服，可是到了明天，一百

第八章 培养孩子财商离不开的9个经济常识

块钱却突然买不了一件衣服,这就说明货币的购买力变小了。反之,则货币购买力就大。一般来说,越穷的国家货币购买力越强哦。"

"为什么?穷人不是买不起东西吗?"女儿又不明白了。

"那你想想,在富国东西是不是都偏贵?而穷国的东西都便宜,因为越穷的国家,劳动力和货物的价值越低,所以如果用一样的钱分别去富国和穷国买东西的话,是不是在穷国买的东西会更多呢?"

"……好像是这样哦……"女儿用力地点点头,开心地说道:"妈妈,我终于明白了。"

货币购买力是指单位货币购买商品或换取劳务的能力。即故事中妈妈给孩子讲的"一百元钱能买回来一件衣服",而货币购买力的变化就体现在这个固定单位的钱够买物品的多少。"一百块钱却突然买不了一件衣服,这就说明货币的购买力变小了。反之,则货币购买力就大。"可见,货币购买力的大小决定于货币价值与商品价值的对比关系;其变动与商品价格、服务费用水平的变动成反比,与货币价值的变动成正比。在货币价值不变的条件下,商品价格、服务收费降低时,单位货币购买力就提高;反之,则下降。

上面的道理听起来有些复杂,孩子听后有什么用吗?家长可以此教会孩子关注自己手里的钱。一般情况下,孩子有了零花钱后都会买些吃的玩的,但很少考虑买的是贵是便宜,而家长给他讲了这个理念后,有助于孩子关心自己的钱的变化。但是,家长仅仅说这么一番道理,还达不到上面的目的,还需要给孩子看更多的事例,让他在事例中体会货币购买力的变化。

比如,据媒体报道,在今年的两会期间,就有人大代表就货币购买力进行了生活调查,最后的结果很有意思。这位代表利用会议间隙到北京西绒线菜市场进行调研。他用10元钱买东西,可买3个苹果或者5根黄瓜或者5张地铁票。他认为,10元钱能买到什么东西,不但真实记录了当前的物价水平,通过横向比较,还能够发现政府在公共交通等民生领域的投入。

家长也可以向这位代表学习,带着孩子来到超市或者菜市场,也尝试看看用十元钱能多少东西,让个孩子在实际购买中体会。然后,家长带孩子回家,教他在网上查询各地批发市场的蔬菜瓜果肉类的价格不同,就能得出更准确的结果。空闲时间,家长还可以将家中的记账本拿出来,和孩子一起查看这十来年间,一般食品和生活用品的消费记录,从中也可以看出这些商品的价格变化,稍加计算就能得出这些年中同样的钱能够买到的东西的多少变化了。

细节65：用纳税培养孩子的公民意识

妈妈的好姐妹王阿姨来家里做客。

吃过晚饭，妈妈和王阿姨坐在沙发上聊天，聊着聊着，王阿姨突然抱怨起来。她说："我每个月就挣那么几千块钱，竟然还要被扣一堆税，哎，真是心疼死了。"

"没办法，这是国家规定嘛。你挣的钱多，当然得交税。"妈妈说道。

"哼！也没挣多少啊。"王阿姨轻哼了一声，看起来有些不开心。

妈妈连忙打趣道："比我可多多了，真是羡慕死你了，再不平衡的话，咱俩的工资换一换？"

"去去去，少来这套。"王阿姨佯装生气般轻轻推了妈妈一下，两个人笑成了一团。

儿子一直在旁边听她们聊天，听到好奇处，便问："妈妈，什么是税收啊？为什么阿姨这么讨厌它呢？"

妈妈回答道："税收是一个国家为了保障国家职能，按照法律法规而征收的费用。比如说，国家设定了工资超过多少钱就按照一定比例收取个人所得税，这样一来，你每个月拿到手的工资会比实际要发的工资数要少，因为国家扣了一部分税钱。"

"就像王阿姨那样吗？那岂不是很可怜？能不能不交税呢？"儿子问。

妈妈摇头说："逃税避税是违法的哦。而且我们每一个公民都有交纳税务的责任和义务，这样国家才能为咱们创造更好的生活环境啊。要是咱们都不交税，国家连种树的钱都没有了，我们慢慢的就看不到绿色的大树了。"

儿子最喜欢花花绿绿的大自然，听到有可能连树都会变没，赶紧说道："那王阿姨不准逃税哦。"

故事中，儿子从自己的喜好本心出发，不希望美丽的大自然被破坏，而这些都需要大家交税才能实现，他就对王阿姨说"阿姨不准逃税哦"。这个故事对税收讲的并不全面，但仍给家长一个提醒：及早让孩子了解税收与纳税的知识，有助于培养孩子正确的财富观和道德观。税收这件事情说起来是很复杂，很多家长都弄不明白自己要交多少税、要交哪些税，怎么给孩子讲呢？其实，对孩子来说，只要让他明白"什么是税收""税收有什么用""我为什么要交税"几个问题就行了。在给孩子的讲解中，家长最好结合身边的实际例子讲，如果能加上与税收有关的故事，效果会更好些。

1. 用故事给孩子讲税收

税收是国家为满足社会公共需要，凭借公共权力按照法律所规定的标准和程序参与国民收入分配，强制地、无偿地取得财政收入的一种特定分配方式。税收收入是国家财政收入的最主要来源。

孩子大都喜欢听故事，家长也常常在给孩子讲故事的过程中让其明辨是非，懂得做人的道理。在对孩子进行财富教育时，家长也可以采取这个办法，比如给孩子讲爸爸妈妈每个月要给国家交多少税，都是什么名称等，在外面的生活中，买的东西中也含有了税，这样就很直观了，孩子也很容易理解。

2. 培养孩子诚信和公民意识

给孩子讲解纳税和税收的用处，可以让孩子从小就树立正确的财富观，接受"死亡和纳税同样不可避免"的观念，家长在生活中做到如实纳税会给孩子起到良好的示范作用，这也是培养孩子诚信做人的一种方式。有助于孩子在日后面对财富时，明白什么是自己应得的，什么是需要交税的，能够理智、公平看待这些问题，也只有做到了诚信，孩子才会取得更大成就，获得更多的财富。

细节66：教孩子寻找物价上涨的原因

妈妈带着女儿去超市购物，女儿最喜欢吃汤圆，每次去超市都会先去挑一大堆汤圆，可是今天，女儿来到冷冻速食区之后，却迟迟没有动手。

"怎么了？没有你喜欢吃的那种吗？"女儿嘴很挑，只爱吃两三种品牌和口味的汤圆，所以妈妈见她迟迟未动，以为是超市没有她喜欢的那几种了，就走了过来。

她低头一看，这不是有吗？于是就问女儿："怎么不拿呢？不想吃汤圆了？"

"可是这两种汤圆涨价了,妈妈,为什么它们会涨价呢?"女儿苦恼地抬起头来说道:

"这样岂不是要拿更多的钱来买它们了?"

"这是因为通货膨胀造成的。"妈妈说。

"什么是通货膨胀?"

"打个比方说,本来这袋汤圆值10元的,但是国家多发行了纸币,导致老百姓手里的纸币多了。可是钱多了,汤圆却没变多,所以为了保持平衡,我们只好拿更多的钱来买这袋汤圆。"妈妈耐心地解释道。

听完了妈妈的解释,女儿撅着嘴委屈地回答说:"所以我最爱吃的汤圆涨价了。"

妈妈笑着揉了揉她的长发,催促她快点选好汤圆去结账。

女儿爱吃的汤圆涨价了,这让她既嘴馋又心疼,馋的是想吃美味的汤圆,心疼的是荷包里的钱。其实,这种情况在近年来很常见,物价上涨的最重要原因就是通货膨胀,对于正接受财商教育的孩子来说,了解些自己喜欢的商品的价格也是一种很好的实践学习方法,家长也可趁机对孩子讲纸币背后的经济故事。

通货膨胀是指一个经济体在一段时间内货币数量增速大于实物数量增速,单位货币的购买力下降,于是普遍物价水平上涨。即在纸币流通条件下,因货币供给大于货币实际需求,也即现实购买力大于产出供给导致货币贬值,而引起的一段时间内物价持续而普遍的上涨现象。其实质是社会总需求大于社会总供给(供远小于求),简单来说,就是我们国家造出100元的东西,就要印出等值的货币。如果印的货币超过100元。通胀就出现了。如果印了200元的货币,那么原先1元钱的东西就要用2元钱来买了。

家长可以让孩子很容易就能理解"纸币并不完全等于钱,它也是会贬值的"这个道理,有利于孩子更深层次地观察事物,关注自己兜里的钱的变化,主动寻找避免自己的钱贬值的方法,而这正是理财的最重要的目的。

细节67：让孩子从"福利"中感受自己受到的照顾

近来，妈妈原来的单位快要倒闭了，所以妈妈开始着手准备找新工作。

"妈妈，你要找个什么样的新工作呢？"女儿想为妈妈出谋划策，便问妈妈："去冰淇淋厂怎么样？这样我夏天就能吃到很多很多冰淇淋了。"

"冰淇淋厂啊？"妈妈想了想，认为这个点子还真不错。她说："听说冰淇淋厂的福利很不错呢，妈妈或许会去试一试。"

"福利？什么是福利啊？是指工资高吗？"女儿歪着头疑惑地问道。

妈妈点点头，又摇摇头，回答道："不一定是指工资高。福利是工作单位对属下员工的一种间接性报酬。比如，有些公司有稳定的带薪假，这样员工就可以在假期多陪陪家人；还有些单位会发很多过节礼物，吃的穿的用的，应有尽有；还有一些更有实力的公司，会给员一些奖金或者是其他更实惠的福利。"

"哇……听起来好棒哦。"女儿两眼冒光，对妈妈说："妈妈，那你这次一定要找个稳定的、福利好的工作单位哦。我不想让妈妈像以前那样那么累了。"

"女儿真疼人。"妈妈抱住女儿，用力地点了点头。

作为对员工的间接报酬，福利一般包括健康保险、带薪假期、过节礼物等形式。这些奖励作为企业成员福利的一部分奖给职工个人或者员工小组。福利的内容很多，各个企业也为员工提供不同形式的福利，但可以把各种福利归为员工福利、补充性工资福利、保险福利、退休福利、员工服务福利、物质福利等几类。

那么，给孩子讲解福利有什么用呢？很多家长都会有这样的疑问。表面上看来，孩子了解与否对他的学习和成长都没有什么关系，但细究起来，我们可以发现，在对孩子进行财富教育的时候，谈到收入、谈到报酬时，就不可避免地会谈到福利。

在孩子的印象中，爸爸妈妈的全部收入就是工资了，爸爸的工资是七千元，那这就是全部的收入了。其实，孩子这样的理解并不准确。除了工资外，爸爸在单位里享受到的福利也是收入的一部分，只不过不是以工资的形式出现，就很容易被孩子忽略了。这些福利体现了公司对爸爸的关心和照顾，孩子在学习理财中，了解爸爸的收入时自然要了解这些了。

另外，在生活中，孩子也许不知道自己也会享受到一些福利，如果家长给他讲出来，这有助于他更好地了解生活和自己得到的"待遇"，比如坐公交，孩子的身高在一米二以下时是免票的，超过了一米二，办有学生公交卡时是有优惠的，在北京持有学生卡的孩子做公交是按两折收费，而成人是按四折收费；在参观博物馆、纪念馆以及公园时，孩子买票也是打折的。这些都是国家和各单位（公司、公园等）对孩子的"福利"。了解这些，能让孩子更明确地知道自己受到家庭、单位和国家的照顾，有助于其培养正确的财富观、人生观和世界观。

细节68：让孩子从医保中认识到健康是福

8岁的珍珍生病了，头晕头疼还伴随着发热，妈妈见她烧得越来越厉害，马上带着她去了医院。

经过医生的用心诊治，珍珍的病很快就好转了，医生对妈妈说："拿了药就可以回家休息了，两三天就没事了。"

妈妈谢过医生后便让珍珍在走廊里等着，不一会儿就拿着药带着珍珍回家了。

当天晚上，珍珍喝药的时候不小心把药价单弄掉地上了，她赶紧下床去捡，妈妈这时候走进来，紧张地对她说："妈妈不是让你好好躺着吗？不要乱动，小心病又严重了。"

"我已经好了。"珍珍为了不让妈妈担心，还是钻进了被窝，见妈妈要出去，她想起了刚才的药价单，连忙把妈妈叫住了，问："妈妈，为什么这个单子上有两个付款金额呢？"

"你看，明明这些药是很贵的，这里也写着应该交好多钱，可是最后，为什么妈妈只交了不到五百块呢？"珍珍感觉很奇怪。

妈妈却很轻松地回答道："因为我们有医保啊。"

"医保？那是什么？"珍珍不明白。

妈妈回答说："医保是指社会医疗保险，是咱们的国家为普通老百姓建立的保险制度。有了医保，不管是爸爸妈妈生病了还是珍珍生病了，医保都会为咱们减去很多药费的。"

"呀，那我不是可以放心的生病了？"珍珍本来还担心看病会花很多钱，现在听说有医保，便放心地笑了起来。

妈妈听了却虎起了脸，用力捅了捅她的额头，笑骂道："又胡说了，赶紧睡觉，把病养好，以后再也不准生病了。"

医保指社会医疗保险。社会医疗保险是国家和社会根据一定的法律法规，为保障范围内的劳动者提供患病时基本医疗需求保障而建立的社会保险制度。珍珍在对医保不了解的情况下，说出了"有了保险，我就可以放心生病了"这种可爱的话。我们可以看到，故事中的珍珍的治疗是要花很多钱的，但爸爸妈妈给她买了医保，这就节省下来很大一部分，减轻了家庭的经济负担。可见，医保对家庭的帮助是很大的。

医保分为两种，一种是社保中的医保，即社会医疗保险；另一种是商业医疗保险。社会医疗保险由统筹基金和个人账户构成。职工个人缴纳的基本医疗保险费全部计入个人账户；用人单位缴纳的基本医疗保险费分为两部分，一部分划入个人账户，一部分用于建立统筹基金。

家长给孩子讲解医保的目的，一是让他能明白"分担风险"的理念，这和上文中提到的保险的目的是一致的；二是让他知道身体健康的重要性，即使是有医保，生病住院治疗等等一番折腾下来，还是要受不少罪，也要花一些钱，更会耽误时间。家长要让孩子明白保险只是生活中的"安全防护网"，保护我们免受以外灾害，但是最好的保险还是要善待自己、照顾好自己，尽量减少意外伤害，减少生病的机会，健康才是最大的"福气"，也是最好的投资。

培养孩子高财商的100个细节

 细节69：让孩子了解什么是公司

亮亮在听爸爸妈妈讲话的时候，经常会听到两个词，一个是公司，另一个是企业。有时候，明明爸爸妈妈形容的都是一样的东西，却分别用了公司和企业两种称呼，这是怎么回事呢？亮亮十分糊涂。

"爸爸，到底什么是公司，什么是企业啊？"听到最后，亮亮忍不住问道："你和妈妈明明在谈论叔叔上班的地方，怎么却用两个称呼呢？那叔叔工作的地方，到底该叫做公司，还是企业啊？"

见儿子这么认真，爸爸哈哈大笑起来，招招手对他说："儿子过来，爸爸来告诉你什么是公司和企业。"

"嗯，爸爸你快讲。"亮亮爬上爸爸的大腿，坐好后催促道。

爸爸说道："要是解释得很清楚，我觉得你可能听不懂，所以，我就简单的介绍一下吧。公司是当你想做点生意赚钱的时候，或者因为其他营利性目的而成立的组织。也可以说，只要你想赚钱，想创建一个组织，就可以申请成为公司。"

"那企业呢？"亮亮迫不及待的问。

"企业是进行经济活动的盈利性经济组织。比如说，你想生产某样东西、想进行某种服务，就可以创建为这种组织。从某种意义上来说，企业其实是包括公司在内的。所以有些组织既可以称之为企业，也可以用公司称呼它。"爸爸眨着眼，看向儿子。

"原来是这样啊，我总算明白了。"亮亮嘿嘿笑道。

在对孩子进行财商教育时，有时候孩子会问出"什么是公司""公司是干什么用的""公司是怎么赚钱的"等问题，家长也少不了会解释一番以满足其好奇心。

在生活中，公司与企业都是我们常接触的经济组织，也往往将它们当作一回事儿，但对孩子来说，以后自己尝试创业的还是公司居多。我们就以公司为主，探讨对孩子进行相关的经济知识普及有什么用。

我们知道，公司是指一般以营利为目的，从事商业经营活动或某些目的而成立

的组织。

在给孩子讲解时，自然要让其明白开办公司就是要赚钱的，而且赚钱越多的公司，说明它的"本事"就越大。家长还可以给孩子讲少年儿童创办公司的成功例子，以让其有明确的榜样，也能激发其对创造财富的兴趣。

另外，我国最近的经济法律做了修改，已经允许未成年人创办公司，这对于孩子理财、创业有很好的鼓励作用。比如，湖南省工商局出台了《全民创业的若干措施》，其中就有"允许未成年人可作为股东或发起人投资设立公司"。不过《措施》对此也作出了明确的规定：对于未成年人，作为公司的股东，只能成为二人以上、五十人以下有限公司的责任人，不能成为一人公司的责任人，这是因为这两类有限公司在承担法律责任方面是不一样的。看到这里，家长就不会认为公司和孩子之间还有很远的距离了吧！

 细节70：让孩子从玩网络游戏转为喜欢网络经济

妈妈觉得女儿在十来岁的年纪除了玩和学习，还应该掌握一些赚钱之术，这样长大后，才能做个独立的女性。

因此，妈妈把女儿叫过来，对她说："虽然我觉得开一家实体店更能锻炼你，但开实体店的开销太大，爸爸妈妈觉得还没到下大资本的时候，所以，妈妈想先让你体会一下网络中的经济。虽然网络是虚拟的，但是钱也能实实在在的挣到自己的腰包哦。"

"为什么虚拟的却能挣到真钱？"女儿不可思议地睁大了眼睛看着妈妈。

妈妈笑着回答道："这就是所谓的网络经济，因为我们卖的商品也是真的，所以也能挣到货真价实的钱啊，只不过交易的途径不同于传统经济，是在网络中交易的，所以说它是虚拟的。"

"我还是不明白。"女儿困惑地摇了摇头。

见女儿一头雾水的样子，妈妈也发愁要怎么和女儿讲清楚关于网络经济的事情，突然，她想到女儿喜欢上网，就开口说道："网络经济，也就是建立在互联网

上的，以信息技能为核心的经济形态。就比如，你从网上购物，交易的金钱并没有通过买卖双方，而是通过计算机网络中的信息传递过去。所以，很多人也把网络经济称之为数字经济。妈妈就是想让你先在互联网上，通过这种方式学习怎么赚钱，怎么盈利，等有一定的体会之后，再在现实生活中锻炼你。怎么样？"

女儿虽然还是晕晕乎乎的，但她已经大致明白妈妈的意思了，用力地点了点头，说："我会试着努力的。"

网络经济，不仅是指以计算机为核心的信息技术产业的兴起和快速增长，也包括由于高新技术的推广和运用所引起的传统产业、传统经济部门的深刻的革命性变化和飞跃性发展。因此，不能把网络经济理解为一种独立于传统经济之外、与传统经济完全对立的纯粹的"虚拟"经济。它实际上是一种在传统经济基础上产生的、经过以计算机为核心的现代信息技术提升的高级经济发展形态。

看着上面的解释，我们会感到网络经济太复杂了，离我们的生活比较远，和孩子更是没有什么关系，但是网络经济是知识经济的一种具体形态，这种新的经济形态正以极快的速度影响着社会经济与人们的生活。正像故事中妈妈说的一样"比如，你从网上购物，交易的金钱并没有通过买卖双方，而是通过计算机网络中的信息传递过去。"其实，孩子玩的网络游戏也是网络经济的一种，玩游戏需要升级，就需要买点卡充值，网络游戏公司就是从这些点卡中获取赢利。可见，我们在不知不觉中已经和网络经济紧密地联系在一起了，这也说明了这种经济形式有着快捷性、高渗透性的特点。

那么，我们怎样才能让孩子从网络经济中受益而不是沉迷于游戏呢？这里有两个方法供家长借鉴。一是下载一些《大富翁》等理财游戏，让孩子在游戏中学习理财、投资，以及做生意，这种方式寓教于乐，十分受孩子的欢迎，很适合刚接触理财的孩子学习；二是根据孩子的意愿以及身边的资源，家长引导孩子做实际的网上生意，这可不是玩游戏了，而是实打实地做生意了，最好的选择就是网上开店。这种网店的成本非常低，投资也很少，初期的货源也不需要多少，只要能运作起来就行。这就要家长带领孩子从零起步，一点点学习网上开店的相关知识，并且一起考察市场、进货，在网上销售，这些步骤下来，经过实践锻炼的孩子就是半个生意人了。这时，会有家长提出疑问，孩子这么小就真正开店，是不是太早了呢？这要看孩子的意愿，如果他对挣钱、理财等兴趣不大，家长就不必勉强，只让孩子有基本的理财知识和意识即可。如果孩子的兴趣蛮大的，家长就不妨尝试一下，在这方面，英国的八岁小男孩哈里·乔登开办网店专门卖弹珠球，而且年盈利上万英镑的真实事例，就值得我们借鉴了。

哈里·乔登从六岁起就对十分痴迷于收集弹珠球，后来在妈妈的帮助下，他开了个网店，开始经营弹珠球，结果发现订单不少，逐渐地生意越做越红火，如今的他，除了学习就是打理自己的网店。更令人惊奇的是，网店的进货、交易、发货等等工作都是他一人完成的，只有自己实在忙不过来时，家长才给他帮忙。

细节71：让孩子从公共资源中学会利人利己

儿子是个坐不住的孩子，只要闲下来，肯定会跑到小区的健身器材区去玩。虽然儿子爱运动是件好事，但妈妈总有些担心。担心什么呢？

当然是担心小区里的健身器材不安全。妈妈记得不久前，就有一位老奶奶在运动的时候受伤了。追查原因的时候发现，原来是有很多人不注意保护这些健身器材，过度使用或暴力使用使这些器材的安全性大大降低了。

今天，儿子又拉着妈妈来健身，刚走进健身区的时候，就看见一个男人用脚使劲踹着某个健身器材，妈妈一想到可能又会有人受伤，气不打一处来，毫不客气的对男人说道："这些器材是公共资源，你怎么能破坏大家的东西呢。"

男人灰头土脸地离开了。事后，儿子问妈妈："妈妈，什么是公共资源？"

妈妈回答道："公共资源就是不是只为一个人制造，而是大家都可以自由使用的资源。但是如果大家不爱护这些资源，迟早有一天，我们会自食恶果的。"

经济学中所讲公共资源指那些不为某一个个人或企业组织所拥有，社会成员可自由利用的资源。公共资源具有"竞争性"特点，但却没有"排他性"，住宅小区健身器材就是帮助人们健身保健的一种利民公共资源。

小区健身器材是为帮助整个小区内居民锻炼身体而设的一种公共资源，是一种利民的公共设施，小区内所有人都可自由地使用它，所有人都能从中获得保健的功效，这就是公共资源利公众的一面。然而，在一个比较大的环境里，总有一些人不遵守规则，也有一些人会在使用健身器材时产生不良行为，如随意踩踏器材，不注意清洁自己用过的器材，或敲敲打打使器材受损等。这些不良行为都会严重损坏公共健身器材，很容易使后来锻炼身体的人受到损伤。

对家长来说，给孩子讲公共资源的目的在于让孩子明白这些设施是我们可以免费使用的，利用公共资源为我们服务也是一种比较好的生活方式。另外，就是要给孩子讲"公共道德"，免费使用这些设施的同时，人们不该自私地占有某种资源，更不能破坏公共资源，这样才能利己利人，这就是公共道德。

第九章

让孩子了解生活中的经济学

孩子小时候,很多家长忌讳谈"钱",因此使各种与人们日常生活息息相关的经济规律、原理都受到影响,无法成为孩子们的学习内容。这对孩子来说,财商教育的严重缺乏不仅会让他在未来受到许多经济难题的困扰,还有可能会影响他最基本的经济生活。所以,在教育孩子的过程中,家长除了不避讳谈"钱",还应尽早教孩子学习一些经济规律、商品交易法则等,并时常让他独自去购物,在实践中学会利用这些规律帮自己赢得最大利益。

第九章 让孩子了解生活中的经济学

 细节72：教孩子找准"看不见的手"

夏天到了，市场上各种各样的水果让人垂涎欲滴，妈妈对女儿说："女儿，现在正是水果旺季，咱们趁便宜多买点水果回来吧。"

女儿最爱吃西瓜，尤其是冰镇好的西瓜，炎炎夏日，咬在嘴里特别的美味。于是她高兴地跟在妈妈身后，去市场挑选水果了。

来到水果市场，妈妈遇到了两个熟人，她们便有说有笑一起挑选起水果来。

"最近房价又涨了，尤其是沿海地区，那房价高的啊……早知道会涨，前几个月我就把看好的那幢房买下来了，哎……"妈妈的朋友说。

妈妈也跟着叹了口气，说："销售旺季，肯定会上升的啦。"

"妈妈你骗人。"妈妈的话音刚落，女儿突然指着妈妈嚷了起来："妈妈刚才还说旺季东西会降价的，怎么现在又涨价了，妈妈是骗子。"

"水果和房子不一样啊。"妈妈无辜地看向女儿。

女儿歪着脑袋问："怎么不一样？不都是商品吗？"

"都是商品没错，但是有着本质上的区别啊。"妈妈说。

"什么区别？妈妈快告诉我嘛。"女儿纠缠道。

妈妈笑着揉揉她的头发，说道："水果可以量产和多产，可以根据需求量，增加或减少水果的种植量。但是楼房却不行，开发商就那么一块土地，需求的人越多，他的土地就越值钱，楼房也就会越贵嘛。"

"是这样吗？"女儿还是不太明白，但妈妈从来没有骗过她，这一次，肯定也是她的错吧……

为什么水果在旺季价格下降，而房价却在旺季价格上升？这可能是很多小孩子都想不明白的一个问题。孩子学习的经济知识有限，参与经济活动的经验也不丰富，所以，许多在大人看来很简单的经济问题，孩子可能怎么也想不通。

其实，水果在旺季价格下降，而房价却在旺季价格上升，这是一只"看不见的手"在起作用。旺季水果价格下降，是因为它处在丰收季，其供应量大大增加，但

培养孩子高财商的100个细节

人们的需求量的增幅并没有赶上供应量的增幅，这时销售者们就要展开竞争，通过降价来吸引消费者。而楼房则不同，它的旺季是由消费者需求量的增加所致，需求量大增而供应量有限，这时消费者之间就会相互竞争，房价自然会被推高。

简单地说，在正常情况下，市场经济运行中包含着价格、供求、竞争等关键性要素，这些要素就像一只看不见的手，在悄无声息地引导每个人按照市场运行规律进行活动，使资源实现最优化配置，并推动生产者、消费者都做出对各自有利的决策。

对孩子而言，"看不见的手"是神秘的，但它却时时刻刻在孩子的周围发挥作用。上述故事中，妈妈带女儿买水果时谈到的"旺季水果价格下降，房价却上涨"的问题，其背后原因就是有一只"看不见的手"在调节着房地产市场。

孩子小时候，很多家长忌讳谈"钱"，因此使各种与人们日常生活息息相关的经济规律、原理都受到"株连"，无法成为孩子们的学习内容。这对孩子来说，是财商教育的严重缺乏，不仅会让他在未来受到许多经济难题的困扰，还有可能影响他最基本的经济生活。

比如，当一个孩子不清楚"看不见的手"是怎么一回事，不明白市场上各种商品的价格靠什么来调节，那他就很难判断哪种商品在哪一段时期会涨价，又会在什么时候降价。而那些懂得市场规律，懂得价格、供求、竞争等要素作用原理的孩子，就会分析、判断自己所需商品有可能出现的价格变化情况，并尽可能在降价期花最少的钱使自己的需求得以最大满足。

所以，在教育孩子的过程中，家长除了不避讳谈"钱"，还应尽早教孩子学习一些经济规律、商品交易法则等，并时常给机会让他独自去购物，让他在实践中学会运用这些经济规律，利用各种规律帮自己赢得最大利益。

 **细节73：** *比较优势，让孩子学会作更好的选择*

小冰的爸爸是一名出色的商人，为了将来能和爸爸一样能干，小冰从7岁开始就跟着爸爸一起接触生意场上的事情了。最近，小冰的爸爸在为采购货物的问题

发愁。

"爸爸,还像平常那样进货不就行了?"小冰不以为意地说道。

爸爸叹了口气,对他说:"这可不是那么简单的事情。以前咱们一直从外省的工厂进货,但是现在省内就有一家同样的工厂,就不能再那么简单地考虑问题了。"

"为什么?"

"这就好比你面前站着两位运动员,一个跑得快,一个跳得远,但是你只能和其中一个运动员签约,你会选择哪位运动员?"

"这可难办了。"小冰认真地思考着,想来想去,也不知道该选哪个运动员。他说:"两个人都有优势,在没有跑得快的也跳得远的运动员的情况下,确实挺难选择的。"

"是的。"爸爸高兴地摸摸他的头,认真地说道,"省外的工厂一直在和我们合作,他们的商品质量有保障,是个值得信任的合作伙伴,不过运费和价格有点高。而省内的工厂虽然不确定质量是否过关,在价格上就优惠了很多,运费也省了不少,各有优劣,真的很难选择啊。"

"确实很难选择啊……"小冰也学着爸爸的样子,用手托腮,认真地思考了起来。

其实,小冰遇到的是有关"比较优势"的经济问题。两个运动员,一个跑得快,一个跳得远,他们就有各自不同的优势。相对跳得高的运动员来说,跑得快的运动员在"跑"上面拥有比较优势,另一人则在"跳"上有比较优势。

比较优势是经济学中的一个重要理论,一般是在两者或两者以上的个人、团体、组织等进行比较后产生的,且强调在合作中利用每一个个人、组织等各自的优势来达到互利共赢的目的。例如,A 公司在制造玩具方面有优势,需要付出的成本很低,在生产童装时要付出的成本却很高。相反,B 公司生产童装花费的成本很低,制造玩具所需成本却很高。这时,A、B 公司都有各自的优势,但若二者携手合作,共同开拓玩具和童装市场,两家公司的规模或许都会有所扩大,最后互利共赢。

单从个人的角度讲,比较优势就是"天生我才必有用"。如田忌赛马,若他直接用自己的上、中、下三等马与齐威王同等级的马比赛,那他必输无疑。但孙膑帮他出主意,先用下等马对齐威王的上等马,再用上等马对中等马,最后用中等马对下等马,这样田忌才能赢。

培养孩子高财商的100个细节

对孩子来说，用经济学的术语解释"比较优势"理论，他可能很难理解。那么，我们就用这样一个有趣的小童话故事来对它进行更通俗的解释：

兔子和乌龟是邻居。一天，兔子突发奇想，叫乌龟一起去野炊。野炊自然要带吃的东西，乌龟把自己最喜欢吃的蚯蚓和虾装了满满一袋子，兔子则带了两棵白菜和几个萝卜。

它们出发后，刚开始是走在一起的。但乌龟走得太慢，兔子又是个急性子，它不愿意等，打算先走，然后到山那边的大树下等乌龟。兔子蹦蹦跳跳地穿过一片小树林，过了小山，马上就要到大树下了，没想到一条小河挡住了它的去路。

兔子过不了河，急得直跳。半小时过去了，乌龟慢悠悠地赶来，它不慌不忙地从河里游了过去。把身上的东西放下后，乌龟又转身游回对岸把兔子接了过来。

之后，乌龟和兔子高高兴兴地吃东西，它们玩得很开心，兔子原有的傲气也没有了，对乌龟也不再表现出盛气凌人的姿态。

乌龟和兔子的野炊是一次合作。兔子认为自己跑得快，想早点儿到达目的地，但在发挥了自己的长跑能力后，被小河挡住了去路，它的优势就此没有了发挥的余地。乌龟行动慢，它只能一步步往前走，这是它的劣势。乌龟最终也到了小河边，这回它便能发挥自己会游泳的优势，顺利渡河，并且把兔子也接了过去。它们最终成功地进行了野炊，这是各自发挥优势的结果。

生活中的很多事情，包括一些经济活动，孩子往往无法独自完成，比如摆摊售卖小商品，孩子既要摆货，又要向顾客介绍商品，又要收钱算账，还要防止货物被偷，所以一个人忙不过来。这时，他需要与别人合作并各自发挥比较优势，如找一个算账能力强或胆子大、口才好的同学帮他一起卖，最后的利润两人按比例分，这样就能达到互利共赢的目的。

所以，要让孩子拥有高财商，从小会赚钱又会理财，家长应尽早教孩子理解"比较优势"，引导他认真领悟其中的重要含义，并鼓励他在合作中发挥自己的优势。

第九章　让孩子了解生活中的经济学

 **细节74：教孩子利用消费心理巧赚钱**

兜兜的妈妈是专门卖手机和手机号的，兜兜很喜欢当售货员的感觉，所以经常会帮妈妈卖东西。久而久之，兜兜发现一个问题：店里的手机号码，经常会分成好几类来卖。

"小弟弟，我要买个手机号码。"有一天，店里来了个要买号的客人，兜兜赶紧把记号码的本子递给了他，他看了看，对兜兜说："我要这个668的号码。"

"这个号码比其它的要贵很多，你买下面那页的吧。"兜兜怕客人没看清价格，赶紧提醒他。

但客人却笑着回答道："我知道，我要的就是吉祥号，下面那页全带4和3，不吉利。"

"那好吧，我帮您拿号。"兜兜虽然觉得这位客人有点迷信，但既然客人坚持要买，他只好卖了。

等客人走后，兜兜无聊地打开号码本，查看里面的销售记录。

凡是卖掉的，都用笔划掉了，吉祥号码那一页，基本上都快划完了，而下面带4的那一列，竟然一个也没卖出去。

这时候，兜兜的妈妈吃完饭回到了店里，兜兜赶紧拎着本子问妈妈："为什么大家都选贵的买，而不选便宜的号码呢？"

"因为贵的是吉祥号啊，大家都喜欢吉利的东西，尤其是对数字很敏感，有些人买东西，专门买那些带吉祥数字的，希望这些数字能为自己带来好运。"

"这不是迷信吗？"兜兜撅着嘴说道，妈妈笑道，"就算是大部分人都明白这只是迷信，但心里还是喜欢吉利数字多一点。所以，为了迎合大众的这一消费心理，我们才会把号码分成几类，吉利的涨价，普通的就卖一般价。"

生活中，很多人都会像故事中的那位顾客一样，选择带吉祥数字的各种号码。而在大多数中国人看来，"6"、"8"等数字都是吉祥数字，如"6"代表"66大顺"，"8"通"发"，有致富发财的意思；而"4"就是人们非常忌讳的一个数字，它与死亡的"死"谐音,所以人们觉得它不吉利。其实,这些都是人们对数字产生的一种迷信心理。

迷信数字的人常常会把数字分为两类,一类是幸运数字即吉祥数字,一类是不吉利数字,它们都会左右人的很多行为,包括消费行为。

孩子虽然还不成熟,在经济社会中的经验不够丰富。但日常生活中,他们也时常有各种各样的购买行为,也接触了不少销售者。这个过程中,他们可能已经了解到"吉祥数字"对人们消费行为的影响,甚至自己也受到这些数字的影响。

无论是电话号码、车牌号还是门牌号,凡带一个或多个"6""8"字的号码就很抢手。这样的号码本身是比较少的,想得到的人却很多,所以人们的迷信心理就让"吉祥号码"成了号码中的"极品",要想得到它,就得与许多人竞争,最后当然是出价越高的人越有机会获得。

其实,作为消费者,抢购"吉祥号码"的意义并不大,真正的幸运并非从几个数字中而来。当一件商品一旦出现在市场上,其价值就已经确定,即它的性能、质量等都已经不能被改变。所以,任凭人们如何迷信,商品还是原来的商品,它不会随人的意志发生改变。

所以,在孩子的日常消费活动中,家长应提醒他理性消费,可以适当选择有吉祥涵义的商品,但不能为了它倾其所有、不择手段,否则很容易让人得不偿失。

与此同时,作为孩子的第一任教师,家长还应客观地向孩子解释,为什么人们会有不同的消费心理,不同的消费心理对自己、对销售者都有哪些影响。为了培养高财商的孩子,让孩子有更好的创造财富的能力,家长应教他学会分析不同人的消费心理,从中寻找能使自己获利更多的合理的办法。

第九章 让孩子了解生活中的经济学

 细节75：让孩子善用"差别定价"为自己谋利

南南这学期的成绩提高了不少，妈妈为了奖励她，周末带着她去了品牌折扣店，想给她买几件好衣服。

"这件运动上衣很不错啊，打完折才159元，我们买下来吧。"妈妈帮南南看中了一件上衣，南南看了也很喜欢，但她觉得这个价格还是有点贵，就没买。

"反正时间还早，我们再去其他地方逛逛吧。"南南提议道。正好这个时候，妈妈的电话响了，是她的好姐妹王阿姨约她一块儿逛街。

"我们去市中心的商业城和王阿姨会合吧。"妈妈说。

南南点头答应了下来，心想反正去哪儿都是逛，商业街的衣服没准更漂亮呢。于是，她们坐出租车赶到了商业街。

逛着逛着，南南看见了一家品牌折扣店，和之前看上的那件衣服是一个品牌，她就拉着妈妈走进去找那件上衣。

可找到后，南南却生起气来。

"什么折扣店，比刚才那家还要贵。"南南扯着标签让妈妈看。

原来，这件衣服打完折后竟然还要180元，和之前的差二十多块呢。南南不明白其中的原因，便气乎乎地对妈妈说："妈妈，我们去投诉这家店吧。"

妈妈拉住了她，轻轻笑道："刚才咱们看的店在外环，那里消费者的购买能力比较弱，而这里是市中心的CBD，来往的都是白领和精英人士，折后价当然会比外环的高啊。"

"这是为什么？"

"比如说工业用电和咱老百姓的生活用电，两种电价因为购买的'顾客'不同，所以制定的价格也不同。虽然是一种歧视性定价行为，但有时候也是很有必要的。"妈妈解释道。

"原来是看人定价啊。"这回南南总算是明白了，了然地点了点头，决定还是在回家的时候顺便去外环那家店买159元的上衣。

正如故事中南南的妈妈所说，同一件衣服在不同的地段卖价不同，是因为两个地方的消费者购买力有差别。于是，销售者根据这种差别确定了同款同品牌服装的不同价格，这就是"差别定价"。

差别定价是商品市场上一种十分重要的定价方式，又称"弹性定价"，即根据不同顾客的支付意愿制定不同的价格，这样有助于让消费者理性对待自己的需求，也能刺激消费，为销售者自己带来更多收益。

一般来说，商品市场可以根据地理位置、产品用途、消费者的个人特征等因素划分出不同的类型。比如，一种产品在国内和国外市场上定不同的价格，且国内价格高于国外价格，这是销售者在根据地理位置的不同来确定不同的价格，且该产品在国内的价格弹性较小；日常生活中常见的居民用水、电等的费用低于企业费用，这是根据产品用途不同来定价的结果；看电影、去旅游景点等，成人票价往往高于儿童票价，这是依消费者年龄特征采取的差别定价法。

从消费的角度讲，家长尽早教孩子懂得差别定价可以使他学会更加合理地消费，在日常生活中花最少的钱获得最大收益。如打长途电话，白天和夜间的价格不同，孩子若清楚这一点，尽可能在夜间打长途电话就能节省不少钱。

另外，从销售的角度讲，孩子将来若要走经商之路，那就应该从小多接触与商品经济有关的各种问题。假如孩子明白何为差别定价，清楚它的重要意义，那么今后真正开始做生意时，他就能很好地利用差别定价法为自己赚取更多收益。

细节76：别让示范效应成为孩子的"坏榜样"

笑笑上学的时候，看见同班一位女同学穿着一件特别漂亮的裙子，她很羡慕，也想每天穿着这样一条裙子去上学。

放学回到家后，她就缠住了妈妈，撒娇说道："妈妈，你帮我买吧，那条裙子可漂亮了，我真的很喜欢。"

妈妈却觉得女儿的衣服已经够多了，完全够穿，不同意给她买。

"不嘛，不嘛，我就要那条裙子，我就要穿着它上学，同学们都穿着漂亮裙子

第九章　让孩子了解生活中的经济学

上学的。"笑笑开始撒泼了。

最后妈妈没办法，只好答应道："那妈妈帮你买了裙子，你就不准再买其他衣服了。要是答应，妈妈就帮你买。"

"我答应。"笑笑马上破泣为笑，用力地点着头。

周末的时候，妈妈就把笑笑要的裙子买了回来，笑笑迫不及待地换上了新裙子，去找同学玩。

可来到同学家门口的时候，笑笑看着身上的裙子，不开心了，觉得和同学穿一样的衣服会被笑话是在模仿同学，越看这条裙子越觉得别扭，于是闷闷不乐地回到家里。从那以后，笑笑很少再穿那条裙子出门，妈妈气得直骂她败家。

笑笑看到别的同学穿了一条漂亮裙子，自己也想买，这是"示范效应"在起作用。

生活中，我们常常会遇到这样的情况：同事、朋友或邻居买的某种商品让你感到羡慕或者心里不平衡时，你也会跟着去买这种商品。这时，周围人其实就成了你进行消费活动的榜样，其消费行为对你产生了示范效应。

经济学中所讲示范效应，指消费者的消费行为会受周围人们消费水准的影响。一般来说，收入水平相当的人，其中一个人的消费水平提高，其他人因顾及地位、面子等也会提高自己的消费水平；而当一些人的收入和消费水平提高，另外一部分人的收入并没有增加时，另外这些人也同样会"打肿脸充胖子"，想办法提高自己的消费水平。

孩子虽没有自己的收入，但看到哪个小朋友拥有比自己更好的玩具、更漂亮的衣服等，他就会感到羡慕或嫉妒，也想拥有。这种情况下，孩子就是受到了示范效应的影响。

所以，在培养孩子财商的过程中，家长应注意用正确的方法引导孩子合理消费，要尽可能让示范效应对孩子产生积极的作用。具体来说，家长应注意以下两点：

1. 延迟满足孩子的需求

当孩子说某某某有一件非常漂亮的新衣服、新书包或很好玩的新玩具等，他自己也想要时，家长不能马上答应他的要求，但也不要立刻拒绝购买，而是应该"延迟满足"。

在延迟的这段时间里，家长可以耐心劝导孩子冷静下来，认真思考一下自己是否真的需要那样东西，或用孩子相对感兴趣的其他事物来转移其注意力，如陪他玩游戏、让他看最喜欢的动画片等。这样，孩子慢慢就会想明白，那样东西其实自己并不需要，或者会因做其他更有意思的事情而忘记要买别人拥有的某样东西。

2. 鼓励孩子与周围小朋友交换购物心得

平时生活中，家长还可以鼓励孩子经常与周围小朋友交流沟通，互相聊聊自己购物的经验，包括如何选择自己最需要的商品、怎样能花更少的钱买到自己需要的东西、哪个商店的东西更加物美价廉等。长此以往，孩子会学到很多购物的小技巧，今后就容易受到积极的示范效应的影响。

细节77：提高"顾客满意度"，让孩子受益多多

婷婷的妈妈开了一个饰品店，里面有很多漂亮的装饰品，婷婷最喜欢漂亮的东西，所以只要一放学就会跑进妈妈的店里，帮妈妈卖东西。

但是有一些客人只看不买，婷婷看了都替他们急。

这一天，婷婷又遇到一个这样的客人，挑来挑去，都快把店里的东西翻个遍了，也不见她要买下什么东西来。

婷婷一下子不耐烦了，撅着嘴对那位客人说："不买就不要乱碰。"

客人见她这么说话，马上气呼呼地离开了店，临走前还对她说："以后再也不来你们这儿买东西了。"

"不来正好。"婷婷不服气地顶了一句，却被进货归来的妈妈看到了。

妈妈板着脸训道："怎么能对客人说那样的话呢。"

婷婷脸一扭，回答道："她又不买东西，翻来翻去的，把货物都弄脏了。"

"商品摆在那儿，就是让人看的，只要踏进咱们店的顾客都是上帝，怎么能对上帝乱吼乱叫呢。"

"为什么顾客是上帝呢？她明摆着不是来买东西的啊。"婷婷不明白地问。

妈妈叹了口气，对她说："咱们开门做生意，就得微笑待客，对待顾客要有耐心，这样才能赢得顾客的心，让他们对咱们的店满意。就算这次不买东西，也要让

顾客对咱们的店产生好感,这样他才会再次光临我们的店,来买东西啊。"

"而且,如果他们很高兴、很喜欢我们的店,说不定还会将我们这里介绍给身边的朋友和家人,为我们带来更多的顾客,到时我们的生意不就一天比一天好了?!"妈妈耐心地告诉婷婷。

听了妈妈的话,婷婷这才知道自己刚才的行为有多莽撞。她不安地低下头,向妈妈道歉道:"妈妈,对不起,我以后再也不会这样对待客人了。"

"没关系,以后你能记着'顾客是上帝'这句话就好了!要知道,顾客对我们的满意程度,直接影响着我们赚钱的多少哦!"妈妈笑了笑说。

婷婷郑重其事地点点头,之后开始帮妈妈整理货物。

生活在经济社会中,我们常常会听到"顾客是上帝"这句话,其中就蕴含了顾客满意度的经济问题。如故事中婷婷的妈妈所说,顾客对某家店铺的满意程度,直接影响着该店盈利的多少。

顾客满意度反映的是顾客的一种心理状态,一般来说,是顾客对某店铺、企业的产品和服务带给他的实际感受与自己的期望所进行的对比,而它并不是一个绝对的概念。也就是说,对于某家店铺或企业,顾客的满意度可划分为多个层次,而不是绝对的"满意"或"不满意"。

作为一种心理状态,顾客满意度也是顾客的一种自我体验。心理学家将这种情感体验划分为七个级度,分别为:很不满意、不满意、不太满意、一般、较满意、满意和很满意。

在培养孩子财商的过程中,家长灌输给孩子"顾客满意度"的概念,目的不只是增加他的知识储备量,更重要的是在清楚它的重要意义后,在未来的社会生活中努力完善自己,以提高"顾客"对自己的满意程度。

有些家长认为,孩子将来不会经商,所以没必要关注与经营店铺、企业等有更密切关系的"顾客满意度"。其实,这样想就错了。

首先,家长即使知道孩子的理想、志向,认为他未来不会去做生意,可世事难料,孩子长大后或许又会因各种各样的原因而踏上经商的道路。这种情况下,如果孩子从小熟知各种经济规律,清楚顾客满意度对买卖活动顺利进行的重要性,他就能更加游刃有余地进行自己的创业活动。

其次,如果孩子长大后在企业或事业单位等找到了一份比较稳定的工作,"顾客满意度"的经济问题仍然会给他带来一些有益的启示。比如,在企业中,孩子付出劳动，企业老板根据其劳动质量给他支付报酬，这时老板可被看作是"顾客"，他对孩子劳动的认可、满意程度，就决定着孩子获得报酬的多少。意识到这一点，孩子就会为赚取更多财富而加倍努力，争取让老板对他"很满意"。

细节 78：让孩子明白财富是从点滴中积累起来的

周末，罗罗和妈妈一起去逛街，看到一家新开的店铺里有很多小玩具，他就拉着妈一头钻了进去。

"妈妈，我想要这个玩具，可以吗？"罗罗看上了一个汽车模型，拉了拉妈妈的手，试探地问。

没想到，妈妈竟然点头答应了下来，并对他说，"看看还有其他喜欢的吗？妈妈一块儿给你买。"

罗罗感到奇怪，为何妈妈今天变得这样大方，但他担心妈妈会改变主意，于是又赶紧去挑选几种自己喜欢的玩具。

后来，妈妈提着购物筐里的所有玩具，准备去付钱。但走到一排货架上的一架小飞机模型前时，她又问罗罗，"儿子，这个模型也不错啊，你喜欢吗？我们也买下来吧。"

"妈妈……"罗罗激动得不知道说什么好了。妈妈主动帮他挑选玩具，他高兴得不得了。

可高兴之余，他又有些疑惑，妈妈今天到底是怎么了？经不住心里的好奇，他小声问："妈妈，您今天为什么会给我买这么多玩具呢？"

"因为很划算啊。"妈妈干脆地回答。

"划算？"罗罗不明白。

"这里是 2 元店，店里所有的东西都 2 元一件，不是很划算吗？"妈妈回答道。

罗惊讶地指着自己挑选的物品，问道：那我刚才挑选的玩具，也是 2 元钱一件？"

"对啊。"

第九章 让孩子了解生活中的经济学

"这老板真傻。这么卖东西,他不是要赔死吗?"

"怎么会呢?这样卖,虽然一时半会儿是赚不了大钱,但积少成多,总有一天会赚到大钱的。"妈妈解释道。

但罗罗却不以为然,扬着头说:"如果我是商店老板,我一定卖高档商品。这种2元店,再怎么积累,也赚不了多少啊!"

"儿子,你这种想法就不对了。"妈妈很认真地说,"薄利多销的道理你应该知道吧。虽然表面上2元店是在赔本做生意,但只要经营得好,找到物美价廉的货源,不愁没有利润可赚啊。我们不能小看任何一门生意,勿以业小而不为啊!"

罗罗听完妈妈的话,似懂非懂地点了点头,然后跟着她一块儿去付账了。

在竞争越来越激烈的小商品市场上,便宜实惠的2元店,逐渐成为小商品市场中新的热点。大多数2元店都集饰品、化妆品、礼品、文体用品、家居用品、日用百货等于一体,通过薄利多销一点一点地积累财富。

但在这里,我们讲"2元店"的成功,并不是要鼓动孩子们放弃学业去捞金赚钱,而是希望每一位父母都能认识到,孩子正确的财富意识是需要从小培养的。并且,作为父母,我们应教会孩子的,不是在创业、积累财富的过程中好高骛远,而是学会从最小处着手,从几毛钱的小生意做起,耐心去创造和积累财富。

在这方面,北京一些年轻父母的做法是值得借鉴的。在天气晴朗的周末,这些年轻的家长都会带自己四五岁的孩子,在动物园或其他公园旁边售卖各种小商品,如报纸、小玩具等。不过,家长们只是在一旁照看着,主要的售卖活动都由孩子自己完成,包括介绍货物、收钱找钱等。通过这样简单经商实践,孩子们不仅会体验到自己赚钱的快乐,而且会渐渐意识到,财富积累是一个漫长、艰难的过程,但只要坚持不懈就会积少成多。

培养孩子高财商的100个细节

细节79:"快鱼法则"让孩子学会适应竞争

过节的时候,爸爸准备给老家的几个亲戚快递一些礼物,就让妈妈联系一下快递公司。

妈妈把家里收藏的快递公司的名片拿出来一看,有五六家呢,这该怎么选呢?

爸爸说:"先打电话问问快递公司能不能上门服务吧。"

妈妈听了,就依次给这几家快递公司打电话,结果都能上门服务。妈妈又问:"我想今天就把东西快递出去,你们什么时候能来拿单?"

"3个小时以后才有时间。"有一个快递公司回答。

妈妈觉得时间有点长,就拨打了另一家快递公司的电话,该公司客服回答说:"业务员现在去其它区拿单了,最快也要5个小时才能去您那儿。"

"就不能快点?"妈妈问,因为她想尽快把这件事情办完,然后带儿子出去玩。

"公司流程是这么走的,快不了。您要想快,就别找我们公司。"对方的态度很强硬,妈妈生气地把电话挂了,接着拨打下一家快递公司的电话。

"我离您那不太近,1个小时赶到可以吗?"电话那头,一个小伙子亲切地问道。

"可以的,那我们就等您了。"妈妈愉快地放下电话,对爸爸和儿子说,"搞定了,1个小时后咱们出去玩。"

没想到,才过了半个多小时,门铃就响了。

这个快递员的服务态度很好,爸爸妈妈愉快地将要发的礼物递到了他手里。

两天后,亲戚打来电话,说礼物收到了,爸爸妈妈都没想到会这么快。

"这家公司还真是条'快鱼'啊。"爸爸感叹道。

儿子不明白,问:"什么是快鱼?"

"'快鱼吃慢鱼',也就是对市场机会和客户需求的快速反应。这家公司不仅反应快,态度也好,一定会成一条'快鱼',把其他几个'慢鱼'公司'吃'掉的。"爸爸耐心地对儿子解释道。

"快鱼吃慢鱼",这是新经济下的一种经济规律,也叫快鱼法则,指大公司不一定打败小公司,但快的一定会打败慢的。真正的"快鱼"追求的不仅是"快",更是"准",即要快速、准确地掌握各种信息并把握住市场的脉搏,而后迅速出击去打败"慢"公司。就像是现实生活中的海底世界一样,大鱼吃小鱼,快鱼吞慢鱼。

在快这一点上,日本为我们做出了很多表率。比如,当加拿大宣布将枫叶旗定为国旗之后仅仅三天的时间,日本的厂商就把赶制出来的关于枫叶旗的周边商品运到了加拿大,而加拿大本国的一些厂商却错失了这一商机。

很多人,对日本的印象往往就是一个字:快!

所以说,快就能先人一步抢占商机,这是获得成功的关键一步。没有闪电般的动作,是很难在这个"瞬息万变"的竞争社会生存下去的,最后只能被当成"慢鱼"败下阵来。

当然,只有快也是不行的,还要在快的基础上做到信息准、行动准。如果做不到准确定位,大鱼也有可能会被小鱼盯上,最后变成小鱼的"储备粮"。

小孩子身上往往都存在一定的惰性,有时候父母也会认为孩子还小,懒惰一点没什么坏处。但时间一长,孩子就会生成懒惰的习惯,将会无法适应这个快节奏的时代,等待他的或许就是被"吃"掉的命运。

所以,父母应多鼓励孩子"快"做事,写作业要快、记东西要快、行动力更得要学会快。这样的话,孩子才能先他人迈出一步,离成功也会更近一步。

细节80:让孩子明白什么是垄断

周末的时候,爸爸妈妈带着儿子去电影院看电影。出发前,妈妈对儿子说:"今天下午场有打折票,咱们就看下午的吧,上午先去商场逛逛。"

爸爸也附和道:"打折票能省不少钱,就这么办吧。"

儿子觉得无所谓,就答应了下来。

下午两点,一家人赶到了电影院,轻松地买到了打折票,快入场的时候,儿子看见有人捧着爆米花,就对妈妈说:"妈妈,我们也去买点吧。"

"嗯，好吧。"妈妈点头答应了下来，把钱交给了爸爸，对他们说："我在这里等你们，你们两个过去买吧。"

"好的。"儿子高兴地跟着爸爸跑开了。

当来到卖爆米花的地方的时候，儿子对售货员说："阿姨，我要一份打折的爆米花。"

"对不起，小朋友，爆米花不打折哦。"售货员抱歉地回答道。

儿子疑惑地看着她，不满地说："阿姨骗人，电影票都打折，爆米花为什么不打折呢？"

"这个……"售货员不知道怎么回答他，爸爸这个时候走过去，对儿子说："阿姨没骗你，爆米花真的不打折哦。对不起，请帮我来一个中份爆米花。"

"好，好的。"售货员赶紧收钱交货，生怕对面的小朋友再有问题。

儿子抱着爆米花，边走边问爸爸："爸爸，为什么爆米花不打折呢？"

"因为这种爆米花，只有在电影院里才有卖啊。你看外面哪有卖的？"爸爸笑着回答道。

"确实外面没有卖的。"

"这就叫垄断，如果一个产品只有一个地方有，那么它就很难打折处理。"爸爸微笑着摸摸儿子的头。

上述故事中，爸爸说："一件商品只有一个地方有，就叫垄断。"这只是简单而言，其实，垄断是在竞争中产生的。在资本主义经济发展的过程中，因为竞争的原因，使生产逐渐集中，渐渐地就形成了垄断行为。

事实上，垄断行为对经济有很大的危害，虽然孩子可能看不出什么，但父母应该告诉孩子，垄断行为为我们带了多少不便。

垄断者为了保证市场上其唯一卖者的身份和地位，会使用各种方法和手段，阻止其他商品进入自己的市场，不允许其他企业占领自己的地盘，与自己竞争。但垄断者往往忽略了一点，那就是没有竞争就没有进步。一个倒退的企业，相信过不了多久就会消失在市场经济中。

对孩子来说，这些解释可能过于深奥，他们往往难以理解。父母不妨用讲故事的方法告诉孩子到底什么是垄断，垄断又能带来什么样的恶果。

在很多时候，动物比人类聪明多了，它们就知道垄断有可能会让自己灭亡。

狮子、老虎等大型肉食动物在捕猎的时候，从来不会把猎物全部杀死。它们会先对猎物观察一段时间,然后找到弱小、生病的目标。当捕猎开始后,狮子或老虎就会死死盯着这些目标,伺机下手。它们知道,如果它们把猎物全部杀死的话,那么以后在很长一段时间都有可能不会有一只猎物出现,那等待它们的也将是灭亡。

但是,有的企业在很多时候连这种认知也没有,只知道不停地争夺,往往想在争夺中消灭所有的对手,只让自己一方获利。殊不知,这也是一条"自寻死路"的失败之路。

所以,父母在对孩子进行财商教育的时候,一定要让孩子了解垄断的不良后果,在孩子还没踏上社会这条道路时就为他垫上一块踏脚石,为他指明未来的行走方向。

细节81:"对外贸易",让孩子从容参与经济活动

豆豆家新买了一台背投电视。有了新电视,豆豆既高兴又好奇,没等电视安装好,就围着它转了起来。一会儿这儿看看,一会儿那儿摸摸,高兴得不得了。

"咦?妈妈,这里怎么有一串英文,是什么意思啊?"豆豆突然发现在电视的后面有一串英文挺醒目的,就问妈妈。妈妈走过去一看,笑着回答道:"这串英文是告诉我们这电视是哪里生产的。"

"是吗?那这台电视是哪里产的?"豆豆问。

妈妈仔细看了一下那串英文,回答道:"美国制造!"

"美国?"豆豆睁大眼睛重新去看那串英文,疑惑地问:"原来在中国,还能买到外国的东西啊。这是为什么呢?"

妈妈被他逗乐了,笑道:"这是对外贸易啊。"

"对外贸易?是什么东西?"豆豆还是第一次听到这个词,感觉很新鲜。

妈妈想了想,回答说:"对外贸易也就是咱们可以坐在家里买到世界各地的东西。其他国家也能坐在家里买咱们中国的商品。这可以让我们的生活更加方便,能满足我们更多的日常需求。"

"比如说,爸爸代表美国,妈妈代表中国。有一天,妈妈想吃蕃茄酱了,可中

国暂时还没有这个商品，但是爸爸那里有，妈妈就可以和爸爸商量，把他的蕃茄酱运到妈妈这里来卖。爸爸想穿唐装，但是只有代表中国的妈妈有，爸爸就会向妈妈购买唐装，拿到美国去卖。这样就方便了两个国家的人。明白了吗？"妈妈又进一步解释道。

豆豆这下总算听明白了，高兴地点了点头。

在市场经济中，对外贸易是国与国之间所进行的贸易往来活动，它不仅把商品发达的国家互相联系起来，而且会使经济发展水平较低的国家和地区也加入到这种商品交换活动中，并利用可作为一般等价物的货币使这些国家、地区的劳动产品具有交换的价值。

对外贸易是经济社会里一种重要的商业形式，具备一般商业的基本特点，是自愿的货品或服务交换，普遍通过一种媒介来讨价还价，如金钱。

对小孩子来说，国与国之间的贸易活动，他或许还不能清楚地理解，但日常生活中遇到的许多交易活动，他可能已经非常熟悉。当小孩子知道向家长要零花钱，并拿钱去买自己喜欢的东西，他就已经懂得进行贸易活动。当他在商店、超市将钱交给销售者，以换来自己想要的零食、新玩具等时，一次简单的贸易活动就已完成。

贸易、买卖等经济行为并不是成人世界里才有的，在孩子成长的过程中也不可避免地要进行各种各样的经济活动。所以，关于商业、对外贸易等的概念、意义，孩子越早了解，对自己的日常生活和未来的财富道路越有好处。如果一个孩子从小只会学习"数理化"，不了解任何与贸易、市场等有关的知识，他又如何能拥有高财商呢？

为了让孩子更清楚地了解商品交换、对外贸易等经济问题，家长应尽早培养他独立参与商业活动的能力，除了教他学会合理消费，还可以鼓励他做些小生意，从实践中体会对外贸易在每个人生活中的重要性。

第九章　让孩子了解生活中的经济学

 细节82：莫让孩子陷入"等车"的困境

小芸逛超市的时候，看见一本特别喜欢的书，虽然她身上的零花钱足够买下这本书，但她认为暂时没有时间来看这本书，就想着："反正超市里一直卖这本书，我以后再来买吧。"

这样想着，她逛完超市就回到了家。

时间过得很快，没多久就到了放长假的日子，小芸心想总算是有时间来看那本书了，就拿着自己存下来的零花钱跑去了超市。

可是她在超市的图书区左转转，右看看，绕了不知道多少遭都没有看到她想买的那本书。

"售货员阿姨，我要买一本书，可是没看到，您能帮我找找吗？"小芸就找来超市的售货员帮她找一下那本书。

售货员问了书名就去书库查，结果回来的时候，很可惜地告诉她："不好意思，小姑娘，那本书已经卖完了。"

"啊？卖完了？看来我晚来了一步。哎……"小芸闷闷不乐地走出了超市。

回到家，妈妈见她这个样子，就问她发生了什么事。她苦着脸把事情的经过说出来后，妈妈笑道："你知道等车定律吗？和你现在的经历一模一样。"

"没听说过，妈妈快讲讲。"小芸好奇地说。

妈妈忍住笑，告诉她："等车定律就是说，你要等哪辆车，哪辆车偏不来，而你不搭乘的车，却一辆接一辆地停在你旁边。"

"哎呀，这种感觉还真是讨厌。"

"所以啊，当初你看见那本书时，因为暂时不需要就没买，当需要的时候，却发现没有了。这很符合等车定律啊。"妈妈开玩笑道。

"以后……我再也不这样了。"小芸撅着嘴气呼呼地回答道。

上述故事中，小芸的妈妈所说"等车定律"，也叫做如意定律，意思是一个人越是有某种意愿，事情就越容易与自己的意愿相违背。这时，大多数人往往会忽视

事物发展规律的存在，表现出气愤、郁闷、怨悔等负面情绪。可实际上，这些负面情绪起不到积极的作用，人们正确的做法应是从自己身上寻找问题产生的原因，用积极的心态理解事物发展的客观规律并想办法去面对、解决问题。

平时乘车时，很少有人刚走到站牌处，车立马就来。相反，大多数情况下，人们会遇到各种各样的不如意状况。比如，你等不来车，越是着急乘哪一路车，这路车就越是迟迟不来；你等得很焦急，都怀疑没有车了，决定放弃等待转身离开，不料身后不远处，车到站了；离站牌还有一段距离，却见你要乘的车已经到站，于是你奋力追赶，眼见车门关上了，你终于跑到车跟前用力拍门，没想到司机直视前方，发动了汽车，你"就差这一步"，但最终达到目的地并非只晚了"这一步"，而是晚到很长时间。

在孩子的生活中，他也不可避免地要遇到一些事与愿违的情况，如平时都准点起床，一个重要的日子闹钟却没响，或平时路过某商店，看见店里经常卖某种商品，有一天自己需要时那种商品却已卖光等等。这些不如意之事中，都蕴含着"等车定律"。要避免或减少这些事与愿违的情况出现，孩子首先就要了解"等车定律"，然后从中挖掘出正确的解决问题的方法。

"等车定律"告诉人们，遇到不如意的事，气愤、郁闷、抱怨等负面情绪起不到积极的作用，只有从自己身上找原因，才能更好地解决问题。

所以，平时生活中，尤其在参与经济活动时，孩子也应尽量保持积极的心态，抓住每一个可能成功或能为自己创造财富的机会，因为"早上车"，达成目的的可能性会更大；当遇到与自己意愿相违背的事，应泰然处之，冷静、理性地寻找解决问题的最佳方式。

这一切都有赖于家长从小对孩子的耐心教育和引导，如果家长没有教孩子理性认识"等车定律"，没有帮他了解生活中各种事物发展的客观规律，也没有教他"做最坏的打算，做最好的准备"，孩子就很容易在各种活动中出错，且无法快速解决难题。

第九章 让孩子了解生活中的经济学

 细节 83：身体是本钱，教孩子做快乐的理性经济人

孙先生和孙太太结婚之后一直想要一个孩子，几年后他们终于如愿以偿，盼来了一个白白胖胖的儿子。本该沉浸在喜悦中的他们，却很快笼罩在愁云之中。这是为什么呢？

原来，他们的儿子一出生就患有先天性疾病，不仅心脏有问题，其他脏器也有些发育问题。孙先生听到这个消息后不知道该如何是好。幸好这个时候医生对他们说：

"其实也没你们想的那么严重，只要及时做手术就不会影响以后的正常生活。"

"那现在马上就做手术吧。"孙先生像抓住了救命稻草般抓住医生的手。

医生却摇摇头，抱歉地对他说："实在是很抱歉，现在孩子还小，等孩子5岁的时候你们再来，那时候就可以做手术了。"

接受了医生安排的孙先生和孙太太不得不把儿子带回了家，幸运的是，孩子成长得很顺利，和其他孩子一样在泥土堆中"摸爬滚打"，享受着自己的美好童年，从未出现过异常反应。因此，孙先生和孙太太也渐渐忽略了孩子的情况，直到有一天，孙先生在翻找旧物的时候，把当年的病历翻了出来，才记起医生让他们5年后带孩子去做手术的事情。

"怎么办？要不要听医生的话，再去一趟医院呢？"孙太太不安地问。

孙先生想了想，摇头说道："还是别去了吧。那可是在心脏上动手术，万一手术中出点差错……"

"可万一……"孙太太怕孩子病发，但孙先生打消了她的顾虑。

孙先生说："这么些年儿子也没出现什么异常情况，我看一定不会出问题的。再说，真有问题了赶紧送到医院就行了，不会有事的。"

"那好吧，就听你的吧。"孙太太见丈夫这么肯定，也觉得自己太小题大做了，就把这件事放下了。

就这样，孙先生一家又过了几年，在他们的儿子刚刚度过10岁生日时，令他们担忧的事情还是发生了。

某一天，儿子一下子就晕了过去。带他去医院检查才知道，原来是孩子的心脏病发作了。

医生立即安排了手术，并对他们说："要是早几年送过来很容易治疗的，现在……哎……"

夫妻俩在一片悔意中四处奔走，一边筹集手术费一边祈祷儿子脱离险境。

上述故事中，孙先生夫妇没有照医生所说带儿子去做手术，这种行为是极不理智的，他们也是非理性经济人。

"理性经济人"也是一种经济理论，它并不认为人人都应做大公无私的君子，而认为人都有利己本性。这种追求自身利益的经济人只有充分考虑到各方因素，着眼于未来，理智且合理地利用自身资源才能把握住真正属于自己的利益。像故事中的孙先生夫妇那样，只计眼前，不考虑孩子未来有可能出现的各种健康问题，不按医嘱为孩子治病的非理性选择，就很容易造成之后的严重后果，使整个家庭陷入困境。

其实，无论何时，身体都是一个人最重要的本钱，在生病、受伤之后，人们不该以任何借口延误治疗，否则很容易让自己面临生命危险。

所以，在孩子成长的过程中，家长无论要培养他的何种优秀品质，要如何提高他的财商，首先都要帮他好好保护"身体"这项本钱，要让他做理性的经济人，这样才能健健康康地为未来而奋斗，才有可能为自己创造更多财富。

为保护孩子最重要的本钱，家长除了时刻关注孩子的身体健康状况，还应引导孩子自己学会保养、学会预防疾病，更要在他生病、受伤时，鼓励他勇敢接受治疗。如果孩子因害怕打针、输液等而不愿接受治疗，家长可用一些生动、有趣又有寓意的小故事启发孩子，让他意识到耽误治疗会对自己造成的严重不良后果。如家长可以这样告诉孩子：

以前，公园里有两棵树，一棵正枝繁叶茂，生机勃勃，树上结满了果实。小孩子们兴高采烈地围在树的周围，等待家长为他们摘下香甜的果子。另一棵树则光秃秃的，没有枝叶，整个树干都像个无力的老人直不起腰，那是因为它已枯萎，没有养分可供它生长，没有任何动力让它支撑自己的"身体"。但是，你知道为什么它们中的一棵枝繁叶茂，结了许多果实，而另一棵连一片叶子都没有吗？

家长可以让孩子先试着回答，然后再告诉他：几个月前，这两棵树都是一样的，它们都生机勃勃地挺立在公园里，大家都期盼它们在不久的将来开花结果。但后来，两棵树都长了病虫，啄木鸟医生飞过来给它们治病驱虫，现在枯萎的那棵树怕啄木鸟医生啄疼它，就竭力阻挡啄木鸟医生为它驱虫。结果，它被很多病虫侵害，最后就变得光秃秃的了。

与平常所讲的"大道理"相比，这样的小故事生动、有趣，孩子不会厌恶，也容易理解。在孩子明白其中的含义后，家长再给予他支持和鼓励，他就不会太抗拒接受治疗了。

总之，身体是革命的本钱，没有了健康的身体，孩子又如何能利用高财商为自己创造更美好的未来呢？

细节84：让"马太效应"带给孩子积极的启示

陈文有一个幸福的家庭，每天他们家都能传出欢声笑语来，令很多人羡慕不已。但是今天，当陈文放学回到家时，却看见妈妈眼睛通红，闷闷不乐地坐在客厅里。

"妈妈，你怎么了？"整个家笼罩在忧伤之中，陈文说话都不由得压低了声音。

妈妈抬起头看着他，眼眶更红了。

"妈妈的公司倒闭了，所以妈妈从明天开始要重新去找工作了。"

"为什么会倒闭呢？"

"因为妈妈的公司是个小公司，竞争不过那些大公司啊。"妈妈苦着脸说道。

陈文一下子沉默了起来，不知道该说些什么。正在这个时候，爸爸推门进来了。陈文刚想告诉爸爸这个不幸的消息，却见爸爸满面红光，兴奋地对他和妈妈说："我升职了，从明天开始，就是业务部的负责人了。"

原来，爸爸的公司是个大公司，今年的效益特别好，尤其是爸爸的业绩很突出，就被破格升职了。

陈文想不明白为什么同样是公司却有这么大差别。爸爸安慰了妈妈一会儿后，就对他说："这就是马太效应。强者越强，弱者越弱。"

上述故事中，陈文爸爸所说的"强者越强，弱者越弱"，就是"马太效应"的核心。"马太效应"来自《圣经·新约·马太福音》中的一则寓言，其大意是："凡有的，还要加给他让他多余；没有的，连他所有的也要夺过来。"

对孩子而言，家长从小教他了解"马太效应"，并不是要鼓励他去争夺别人的东西，而是要让他更加有信心和勇气去提升自己，使自己成为强者。正如陈文爸爸所讲"两个乞丐"的故事，资助者的做法让其中一个会赚钱的乞丐越来越富有，而不会赚钱的乞丐则越来越潦倒，其实他是希望有能力的人能获得自己应得的收益，那些好吃懒做、只会伸手跟别人要钱的人就该被社会淘汰。

所以，作为家长及早教孩子理解"马太效应"，让他学会靠自己的能力赚取财富或其他收益，这是十分必要的。否则，孩子事事依赖别人，待将来独立生活的那一天，缺乏自立能力的他很容易被社会中更多的强者所淘汰。

另外，在家庭中，有些家长错误的教育方法也会导致"马太效应"对孩子造成负面影响，一种常见的现象是：当家长给孩子越多的时候，孩子索取的也就越多。出现这种情况的原因，主要是家长溺爱孩子，过分迁就他，平时他想要什么就给什么。

很多家长将自己的孩子当成"掌中宝""心头肉"，认为给予他全部的爱与关心，这是理所当然的。可结果往往是，家长的"溺爱"不仅使孩子的依赖性越来越强，缺乏独立自主的能力，还让他变得越来越任性、脾气暴躁。因此，在教育孩子的过程中，家长一定要注意避免"马太效应"对孩子造成负面影响。

第十章

理财教育,别忘了向成功企业家取经

辛苦拼搏几十年,许多富豪挣来了亿万家产,却又为家族事业能否长久传承并兴旺发达而担忧,因为"富不过三代"是最让他们伤脑筋的事。于是,与普通大众相比,他们对子女的教育尤其是财商教育更为上心,采取的措施往往也更具科学性。所以,生活中每一位父母在意识到培养孩子财商的重要性,却苦于没有好的教育方法时,不妨静下心来看看那些知名的富豪们是如何教孩子管理财富的。

第十章　理财教育，别忘了向成功企业家取经

细节85："巨富"刘永好：为女儿定下的家规

新希望集团董事长刘永好先生正是因不断学习、坚持专注，才能在财富之路上站得更高、走得更远。成功之后，他更是传承整个家庭的良好习惯，在教育女儿时要求她永不间断地学习，告诉她"要想成功，首先要学好本领"，还要有"敢闯才会赢"的精神。

出生于上世纪50年代初的刘永好，家庭境况却并不好。虽然父亲在国有的技术部门工作，但刘永好兄弟共四人，真可谓是"僧多粥少"，所以父母亲的经济负担一直不小。即使如此，父亲仍对未来抱有希望，并教育刘永好兄弟几人，今后要不畏艰难，要敢于出去闯荡，还要有社会责任感。

刘永好的母亲，一个普普通通的乡村教师，平日里既忙于教育学生，也不忘时常要求自己的儿子不断学习，且会帮助刘永好兄弟几人从学习中寻找乐趣，以增强他们对学习的兴趣。不幸的是，刘永好还年幼的时候，父母亲就去世了，但他从没忘记双亲的教诲，并在此后的日子里利用一切时间认真地学习、专注地做每一件事。

1982年，刘永好兄弟四人终于下决心砸掉"铁饭碗"，开始他们的"个体户"生涯，此前的刘永好是四川省机械工业管理干部学校的一名教师。此后，他卖手表、自行车、黑白电视等所有可以变卖的东西，以此换来资本，在市集卖鸡、养鹌鹑、卖饲料，最终成为了"中国饲料大王"。

在几十年的创业历程中，刘永好始终努力去做到父亲所说的"不畏艰难"，并坚持学习。

在他看来，自己最成功的地方就是"把别人打高尔夫球的时间用来学习"。走南闯北的这些年，无论在坐车、坐飞机还是在闲暇时刻，他几乎都会读书看报，而且每天晚上都会腾出两三个小时，十分专注地去学习各种新知识。

不仅如此，刘永好还是个很节俭的人，拥有数百亿资产的他并不追求奢华的生活，而是和最初创业时一样，希望生活得简单、舒适便可。

后来，当刘永好有了女儿之后，他便为其立下"家规"：要不断学习，将来在

合法的前提下取得财富，但不能将挣钱当成人生唯一的目标。

小时候，刘永好生活得贫苦、艰难，20岁之前他没有穿过一件新衣服。几十年后的他拥有了许多人梦寐以求的名和利，他的孩子也有着更优越和富裕的生活。但同时，他也意识到孩子将要面临的更大竞争，意识到国内"富二代"面临的挑战。所以，他一直要求女儿不畏艰难，认真学好本领。为此，女儿十几岁时，刘永好便将其送出国求学，希望她在独自闯荡的过程中学会勇敢、自立，也学会更多创造财富、拥有成功人生的好方法。

事实证明，刘永好对女儿的教育是成功的，这不仅体现在她的学识、道德品行方面，还体现在其管理财富的能力上。

2002年，刘永好的女儿从美国学成归来，并担任四川南方希望有限公司的董事长，可以说已经顺利为自己开启了成功之门。就在此时，刘永好又立下规矩，十年之内不许女儿在媒体上曝光，为的就是让她继续在一个比较宽松的环境中认真学习、专注做事。他的用心良苦，女儿非常理解，也常常在心里为自己加油打气，希望终有一天能凭自己的力量撑起一片天。

在竞争如此激烈的现代社会，很多有远见的"富爸爸"们越来越重视孩子理财能力的培养，生活中每一位父母自然也该及早对孩子进行理财教育，让他们在坚持学习的过程中不断提高自己。

 **细节86："钢铁大王"卡内基的理财教育**

"一切的财富，一切的成就，最初都只是一个念头而已。"这是"钢铁大王"安德鲁·卡内基的一个秘密口诀。

在美国，卡内基的名字常常与"汽车大王"福特、"石油大王"洛克菲勒并列在一起，曾影响着整个美国的金融状况。但在事业的最巅峰，已富可敌国的卡内基竟放弃自己拥有的一切，开始追求另一种更加自由的生活。在此过程中，他几乎将全部的财富捐献给社会，纽约卡内基音乐厅、匹兹堡卡内基大学以及遍布世界各地的"卡内基图书馆"，无一不是由他捐资建成。

于是，人们既惊讶又好奇：一个如此淡泊财富之人，为何能够从不名一文的移

第十章 理财教育，别忘了向成功企业家取经

民成为"世界上最有钱的人"。这一切，大都来源于他对金钱抱有的积极心态。

卡内基从小生活在贫穷的家庭环境中，父亲以手工纺织亚麻格子布为业，母亲则替鞋铺缝鞋。然而，父母虽没有太高的文化水平，却为人正直，有积极进取的心态，这让小小年纪的卡内基也受到了正面影响，养成了开朗、机智、幽默的性格。

13岁那年，卡内基随家人一起移民到美国，起初在东海岸的纽约港，后又辗转至匹兹堡。而移民生活的开始，也是他赚钱经历的开始。那一年，刚刚移居他国的卡内基一家，生活十分清苦，父母的收入很少，不得已之下，他也开始了社会工作，白天做童工，晚上读夜校。虽然辛苦，但卡内基觉得这样的生活很充实，并且让他获益良多。

卡内基曾在匹兹堡的一家电报公司做信差。起初，他对匹兹堡的路一点都不熟，很多地方他都找不到，但他却敢向公司许诺，说自己定会在一个星期内记数全城所有线路，并将信件顺利送到。当时，公司老板决定给他一个机会，且很快就被他的毅力打动，最终让他继续在公司打工赚钱。这一次，卡内基意识到信守诺言在工作及各种社会活动中的重要性，此后不管是打工还是自己创业，他都坚持做到诚信。

其实，卡内基的高财商在他很小时就表现出来了。一次有人送给他一只兔子，他非常喜欢。很快，这只兔子又下了一窝小兔，卡内基既欣喜又为难，因为他买不起豆渣、胡萝卜等可喂养这些兔子的饲料。但聪明的卡内基并没有被此事难倒，为了给一窝小兔子争取到食物，他告诉左邻右舍的小朋友们，谁愿意拿食物喂养这些小兔子，将来就用他的名字称呼其中一只小兔子，以作为报答。小朋友们都很喜欢卡内基养的那些小兔子，所以都心甘情愿拿自己的胡萝卜喂养它们，有的甚至积攒了自己的零花钱为小兔子买饲料。就这样，卡内基的难题迎刃而解，而这样的心理策略后来也被他运用到自己的经营活动中。

成年后的卡内基曾在某铁路段上当监理，一次铁路线上的一座木制桥梁被烧毁，在工人们昼夜忙碌着搭新的木桥时，他的脑中却突然闪过一个念头：木制桥梁已不适应时代发展的需要，必定很快被铁桥代替。就因这个念头，他以最快的速度借钱开办了一家建造铁桥的公司，从此财富滚滚而来。

所以，成功后的卡内基常说，富有与贫穷往往就在一念之间，其中，积极的心态会帮助他从贫穷和阴暗中崛起。这个理念也被他用来教育和引导自己的孩子。

在孩子的成长过程中，卡内基将培养其智商、情商与财商并重，既要求他不断学习，又注重培养他乐观、积极的心态，还教他正确认识和利用金钱。他时常鼓励

孩子外出打工挣钱,并为自己做合理的理财规划,同时也告诉孩子金钱不能换来感情。渐渐地,孩子知道了世界上还有一些用钱买不到的东西,也懂得了用积极的心态去对待财富。

细节87:西门子家庭的"成功意识"教育

德国有一家历史悠久、闻名世界的企业集团——西门子集团。它的创始人是西门子家族的维尔纳·西门子。他于1847年创办了西门子电报机制造企业,从此之后,西门子公司越做越大。如今已经成为拥有许多子公司,业务范围遍及世界的国际知名企业集团。维尔纳·西门子在老年时写了一本名为《西门子自传》的传记作品。在书中,他回顾了自己的一生并认为他能够取得骄人的成就来自于童年时期受到的教育,特别是父亲鼓励他勇于面对困难,战胜困难的精神。这不但对维尔纳·西门子的一生有重要的影响,也是他传给后人的"成功意识"教育的重要内容。

维尔纳·西门子常常教导孩子们不要惧怕困难,要想方设法与困难做斗争并支持取得成功,他还多次提到自己亲身经历的一件影响深远的小事。

在维尔纳·西门子小时候的一天,他正在家里玩耍。已经去上小学的姐姐哭着鼻子回来了,衣服上还有摔倒后的痕迹。姐姐向父亲哭诉在路上遇到了一只个头很大的鹅。这只鹅不但不让开道路还凶狠地攻击她。姐姐哭哭啼啼地向父亲求救,希望父亲能帮她赶走那只大鹅。不然她就无法按时上课了。

父亲听后拒绝了姐姐的要求,对维尔纳·西门子说:"孩子,你是家里的男子汉。你去把那只大鹅赶跑,保护姐姐不再受伤,然后回家。"

维尔纳·西门子才六七岁,还不到上学的年纪,他也很害怕姐姐口中的那只大鹅,有些不想去。父亲找了一根长长的棍子交给他,说:"你看到那只大鹅就挥舞棍子,就能把它赶跑。不要害怕,那只大鹅其实很容易被打败的。爸爸相信你能胜利完成这件任务。"

就这样,维尔纳·西门子拿着长木棍陪姐姐出门了。他们在半道上果真看到了那只大鹅。姐姐被吓得惊叫起来,躲在维尔纳·西门子的背后。维尔纳·西门子鼓足了勇气挥舞着木棍同大鹅搏斗。他用木棍抽打了大鹅好几下,大鹅吃痛下逃走

第十章 理财教育，别忘了向成功企业家取经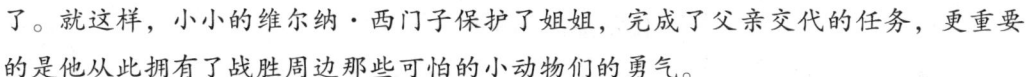

了。就这样，小小的维尔纳·西门子保护了姐姐，完成了父亲交代的任务，更重要的是他从此拥有了战胜周边那些可怕的小动物们的勇气。

后来，在父亲的教导下，他的这份勇气又转向了生活、学业乃至事业上，帮他取得了一个又一个成功。

作为西门子的父亲，他留给孩子最宝贵的财富不是丰富的物质条件，而是一种积极的精神信念。他知道孩子需要的不是一味的呵护，而是勇敢面对世界、面对未来的有力支撑。这份支撑，则主要来源于父亲的信任。

所以，作为父母，帮助孩子从小认识自己的价值并鼓励他努力实现价值，让他获得成功的体验，孩子就会变得更加自信，这种自信心会帮助他获得更高水平的财商。

当然，对于小小年纪的西门子，父亲不仅仅让他体验成功，给他足够的信任，还会十分认真地教他读书写字，让他背诵许多诗歌以增强记忆力。待西门子年龄稍大些，父亲又亲自教他学习世界历史、各国民俗等知识，用许许多多丰富、新奇的知识培养他正确的世界观，这也是值得许多家长学习借鉴的。

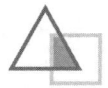 细节88：洛克菲勒家族的"零用钱备忘录"

作为世界公认的第一位亿万富豪约翰·戴维森·洛克菲勒，取得了非凡的个人成就，是大名鼎鼎的"石油大王"。人们在敬佩他超凡的商业才华的时候，也常常称赞他对孩子的财富教育。也正是基于此，他的后人们大都取得了很高的成就。他在教育孩子时，将孩子的零用钱和生活、理财教育有机结合在一起，形成了独具特色的家庭教育方式，其主要内容如下。

他给每一位孩子的零用钱标准是每周不到两美元，并要求孩子无论购买什么东西都要做详细的记录。每到周六，洛克菲勒就会和孩子一起核对零花钱的账目。如果孩子的账本记录符合他制定的标准，就会适当增加下一周的零用钱数额。如果孩子的账目记混乱或有缺失，就要降低下周给孩子的零用钱数额。除此之外，他还和孩子约定将每周零用钱的一小部分拿出来用于慈善活动，并另外拿出一小部分钱储存起来以备日后使用。孩子在使用零用钱购买物品时还要向家长申请，得到同意后才能购买。孩子需要购买日常零用钱使用范围之外的东西时也需要向家长申请，得到批准后，家长将给孩子相应的资金去购买。但是，孩子要将剩余的钱和商品的收据交给父母。孩子不能向身边的任何人要求替自己垫钱购买东西。

约翰·戴维森·洛克菲勒的这些孩子零钱使用管理方法看似普通，其实在培养孩子正确使用财富和树立责任感及自律性方面有着重要的意义。在约翰·戴维森·洛克菲勒之后，每一代后人都会尊重并完善这份管理方法，如今洛克菲勒家族在培养孩子财商方面已经形成了一整套细致而又有效的措施。这也是整个洛克菲勒家族经久不衰的一个重要因素。

约翰·戴维森·洛克菲勒在老年时，曾提及自己之所以对孩子提出零用钱管理要求是基于自己贫寒的出身以及从小接受的较好的财商教育。在他小时候，家庭非常贫穷。为了养家，父亲经常出门奔波经商，也积累了丰富的商业经验。每当父亲回到家后，他就喜欢缠着父亲，请父亲讲经商的故事。父亲也很乐意和孩子分享自己的经历，他们常常在吃过晚饭后开心地聊天。在聊天中，父亲就将自己的商业经验逐渐教给洛克菲勒，还手把手地教他写商业信函、记账等等。这些独特的家庭教育方式让他从小就接触到了与商业、财富相关的内容。他也因此对经商等等活动越来越感兴趣。

在他十多岁时就将自己积攒多年的零花钱借给了邻居并约定好了利息。一年后，邻居还了本金还给付了利息，这让他尝到了用钱挣钱的好处。后来，洛克菲勒开始创业。他凭借自己的聪明智慧赚到了越来越多的财富。当他面对着源源不断的财富和各种夸赞和名誉时逐渐迷失了自己，变得更加贪婪。到中年时，洛克菲勒因为身体状况越来越糟糕而不得不休息。他才开始反省自己，也重新想到了父亲当年告诉他要做一位能够掌控财富的人，而不是被财富所驱使的人的真正含义。于是，他改变了自己的赚钱方式，并把更多的精力放在了慈善领域，他还将自己的心得都教给了孩子。他还创办了很多公益性慈善机构，要用自己赚取的财富用到帮助人类、改变社会的更有意义的事情中。

在此过程中，他不仅时常用自己早年的错误行为警醒孩子们，还抓住一切可以利用的机会教孩子们有关金钱的知识，帮助他们树立正确的金钱观并学会有效管理自己的财富。

约翰·洛克菲勒有五子一女，其后代中有副总统，有银行家，有将军。这些孩子之所以个个都成就非凡，是因为约翰·洛克菲勒承袭家族教育传统，从小教子女们正确认识并合理使用金钱。

第十章 理财教育，别忘了向成功企业家取经

几个孩子小的时候，每人每天可得到 25 美分的零花钱，但有时他们觉得不够，还想再要。这时，洛克菲勒会告诉他们，如果想要更多，就得工作，而且每个人都必须记录下把钱花到了什么地方。那个时候起，他就要求孩子们每天将自己拥有金钱的 20% 存起来，20% 用于慈善事业，剩下的 60% 才可用于其他支出或储蓄。

年轻时在研究有钱人的过程中，洛克菲勒发现只有一个方法能使他们花了钱后得到真正的等价物，那就是培养一种情趣，把钱花得可以产生持久满足的效果。所以，后来他也一直告诫自己的孩子：财富是意外之物，是勤奋工作的副产品，每个目标的达成都来自于勤奋的思考与勤奋的行动，实现财富梦想也依然如此，但人绝不能被金钱束缚。

细节 89：摩根家族：能赚也会省

在美国乃至全球的金融发展史中，摩根家族都占据着十分重要的地位。自摩根家族的祖先从维多利亚时代默默创业开始，这个家族的时代也已到来，约翰·皮尔庞特·摩根开创的"摩根时代"，即金融寡头支配企业大亨的时代，更是推动着历史不断前进。

摩根家族在美国乃至全球金融市场上叱咤风云 100 多年，在铁路、电力、银行、保险等多个领域的成就卓著。之所以如此，不仅是因为摩根家族延续了犹太人会赚钱的商业传统，更是因为他们懂得如何理财。

在创造财富、管理财富方面，摩根家族的所有成员都有这样的共性：勇敢决策、坚持信念、节俭不摆阔。

早在皮尔庞特的祖父约瑟夫·摩根创业的时候，摩根家族敢于冒险的本色就已显示出来。约瑟夫·摩根最初在经营一家小咖啡馆，经过几年苦心经营后终于有了些积蓄。这时，旁人都以为他一生的事业都将在这个小咖啡馆上，毕竟在当时，能经营好这样一个小店实属不易。但约瑟夫并不满足于眼前的一点小成就，他还有更高更远的追求。

于是，约瑟夫鼓起勇气做出了新的决策，即用经营咖啡馆所得积蓄开一家气派的大旅馆。有了想法和相应的规划后，他的大旅馆很快就开张了。从此，在投资股

票、汽船业、铁路业以及保险业时，他都比别人更具冒险精神，且每一次遇到困难，他都会坚持下去，不会中途放弃。

一次，约瑟夫投资一家保险公司，原本希望从中赚上一笔，却没想到一场意外的火灾将他的投资化为灰烬。当时，很多投资者都被火灾"烫伤"，不敢继续投资保险业。约瑟夫却反其道而行之，他认为这正是一个很好的商机，会让投保者更直观地认识到购买保险的好处。同时，这场火灾使得许多投资者不敢再经营保险公司，为火灾提供保险的公司数目锐减，此时约瑟夫若坚持做下去，那么这家保险公司必定大有"钱"途。

事实果真如约瑟夫所料，许多从前的投资者都因害怕承担赔偿费而低价转让自己的股票，约瑟夫便设法筹到一笔资金将这些股票全部买下。这样，这家保险公司就真正属于约瑟夫了。随后，他又信守承诺，一一向投保者赔偿了保险金，此事使保险公司的信誉大增，从此公司门庭若市，约瑟夫不仅很快赚回了赔偿费，而且净赚了15万美元。

若不是约瑟夫勇敢决策并在关键时刻坚持不懈、信守承诺，他又怎能从一家差点被毁的保险公司大赚一笔呢？

后来，在教育孩子的过程中，约瑟夫时常将此事讲给孩子听，不是为了炫耀自己的成就，而是想借此激励孩子鼓起勇气面对挫折与挑战，并学会坚持与守信。

除此之外，节俭也是摩根家族获得成功的一件法宝。从约瑟夫到儿子基诺斯，再到孙子皮尔庞特以及其他许多子孙后代，他们无一不是摩根家族的支柱，无不拥有巨额财富，但他们也无一例外地教育孩子要节俭，不能乱花一分钱。在此过程中，他们还努力为孩子树立节俭的好榜样。

摩根家族传统的教育理念不仅教子孙后代们学会了正确的理财方法，还让他们拥有了绝不做亏本生意的精明脑袋瓜。否则，"摩根帝国"的辉煌也不会延续如此之久。

第十章　理财教育，别忘了向成功企业家取经

 **细节 90：霍英东的"现身说法"**

在培养孩子的财富管理能力上，香港富豪霍英东的方法非常简单、直接，但颇有成效。他采用的是"现身说法"的方式，即用自己的亲身经历向孩子们说明创业之艰苦，让他们从小学会勤俭节约、吃苦耐劳。

霍英东出生于香港的一个水上人家，曾拥有大帆船，以此从事货运生意。但慢慢地，父亲的货运生意越来越不景气，到霍英东出生后，他们的家境已相当困难，有时全家穷得连一双新鞋都穿不上。

可更加不幸的是，霍英东7岁那年，父亲就患病去世，在此之前，他的两个哥哥和叔父也在一次台风中沉船丧生。于是，霍英东一家的生活更加艰难了，他还有一个9岁的姐姐和5岁的妹妹，全家的生活重担都落在了母亲一人身上。

母亲虽目不识丁，但她希望自己的儿女有学识。因此，尽管一个人继续经营货运生意很辛苦，也赚不了多少钱，她还是勒紧裤腰带供孩子们读书。

起初上学时，母亲每天都给霍英东一毫钱，让他用来搭电车、吃午饭。但懂事的霍英东看母亲那么辛苦，自己便开始节俭。为了省下搭电车的钱，他每天早上都早起一个小时，然后步行去上学，下午放学后也步行回家。中午吃饭，他也比其他同学节省很多，只挑最便宜的食物。

人们都说，穷人家的孩子早当家，霍英东的确如此。为了减轻母亲的经济负担，10岁的霍英东每天下午一放学，就赶忙跑回家帮母亲记账或外出给客户送发票，那时的他已经显示出很好的商业天赋。后来，霍英东从学校毕业后当了铲煤工，十分辛苦，每天晚上下班后都疲惫不堪。即使如此，他还是坚持了很长时间，直到后来一次偶然的机会让他来到机场打工。

在机场打工，他每天的工钱要比当铲煤工拿得多，但机场在九龙，他住在港岛湾仔，中间需要花钱乘坐渡轮过海，这是必需的开销。所以，每次从家门口到湾仔码头，或晚上下船后回家时，他都步行以省下坐电车的钱。

正是因为有这样艰苦的生活经历，在后来的创业道路上，霍英东才更加珍惜自己获得的每一个机会、创造的每一笔财富。他通过讲述自己亲身经历的种种困难与

挫折，让孩子们渐渐懂得了节俭、勤奋、顽强对于人生的重要意义。

成功后的霍英东对自己的孩子寄予厚望，对他们的要求也很严格，且十分注重培养他们的坚强毅力、创新意识和竞争意识，经常大胆放手让他们自己去实践。

孩子们小的时候，霍英东曾专门聘请游泳名将教他们学游泳。两年过去了，孩子们还是"浮"不起来。于是，霍英东辞退了教练，自己开始教孩子。当时，孩子们已听了不少关于游泳的理论知识，却都不敢下水实践，霍英东便在做好安全防范措施的基础上，逼着他们下水游泳，结果他们很快就能浮起来了。

不仅如此，霍英东还很重视克服孩子的"失败恐惧症"。从自己多年的创业经历中，他认识到赚钱需要恒心，需要有承受无数次失败、挫折的坚强心理，更需要能够屡败屡战、在逆境中不屈不挠去奋斗的勇气与信心。在他看来，很多人之所以无法成功，不是缺少应对挫折的能力，而是对失败产生了恐惧感，进而畏缩不前，没有勇气和毅力继续探索新的成功道路。

所以，在孩子成长的过程中，霍英东虽严格要求他们做好每一件事，但不会过分强调他们遇到的失败。当孩子没有成功完成某件事时，他即使生气，也不会大加训斥，而是心平气和地与孩子一起分析失败的原因，教给他们更好的做事方法，并鼓励他们"再来一次"，直到真正获得成功。

**细节91：谢易初：千亿商业帝国创始人的教子心经**

泰国著名企业正大集团创始人谢易初是闻名世界的企业家，也是忠心爱国的华侨领袖。他不仅在商业领域有着优秀的才华，在教育孩子方面也有独特的理念。

1896年，谢易初出生于广东省澄海县。他从小就喜欢种植和园艺，早早地就在种植粮食和花草方面显示了过人的天赋。由于时局动荡，家庭贫困，他在26岁那年孤身一人远赴泰国闯荡社会。后来，他在朋友的相助下，用身上仅有的几块银元开办了一家小小的菜籽店——正大庄菜籽行，向泰国民众出售自己家乡的菜籽和种子。由于他诚信经营，很快就打开了局面。

几年后，已经十分熟悉泰国农业环境和市场需求的他委托弟弟打理菜籽行，自己返回中国培育更为优良的种子。在他们兄弟二人的齐心协力下，这家小小的店铺

第十章 理财教育，别忘了向成功企业家取经

迅速成为泰国颇具有影响力的农业商行，名称也改为了正大集团。在上世纪70年代，正大集团已经在香港投资创办了两家公司，在美国创办了三家公司，还在其他国家和地区设有多家分支机构。

到1980年，正大集团已经成为世界知名的跨国集团公司。谢易初也成为受人敬仰的商业大亨。谢易初在悉心经营企业的同时，也格外注重对孩子的教育。他的教育方式简单朴实，效果出奇地好。

要求孩子们尊重知识，认真读书学习。谢易初早年只读过几年私塾，之后凭自己的毅力自学成才。因此，他特别重视对孩子的教育，要求他们努力学习，积极上进，即使工作后也不能放松自身的进步。

注重家庭团结。他从小就教育孩子们要团结一心，共同拼搏。遇到难题时，兄弟姐妹们一起商量解决办法，谁说的有道理，大家就支持谁。他的这种做法在家庭中形成了较为民主开明的气氛。孩子们长大之后陆续进入正大集团工作，难能可贵的是他们在工作上相互鼎力支持，从不为个人利益而影响企业发展大局。

谢易初的大儿子谢正民进入正大集团时间最早，以卓越的工作能力赢得了很高的威望。小儿子谢国民进入集团时间较晚，兼具勤奋、踏实和创新思想的他经常提出一些解决集团发展问题的合理化建议。这些建议均被大哥谢正民和他兄弟们大力支持，促进了正大集团的发展。后来，谢正民为了家族企业的长远发展考虑，主动让贤，支持弟弟谢国民担任集团董事长，全盘执掌企业发展规划。

在谢易初的悉心教导下，谢家人几十年来始终保持着和睦团结的优良家风，这也是正大集团迅速发展成为世界知名跨国企业集团的决定性因素。

如今，谢家第四代接班人也陆续走上了集团的关键岗位。这些含着金汤勺出生的孩子们并没有成为只顾享乐的富家公子、公主，而是继续秉承谢易初的教导和行事风格。从基层做起，在实际工作中体会商业经营的艰辛和快乐。每一个人在兢兢业业做好本职工作的同时，不忘努力提升自己的学识，为正大集团的发展尽自己的一份力。

重视对孩子们的爱国主义教育。谢易初是一位有着赤诚爱祖国情怀的人。无论他是身无分文的穷小子，还是成为世界知名企业家，都心系祖国并以实际行动回报祖国和家乡。为此，他特意将自己的孩子分别取名为谢正民、谢大民、谢中民、谢国民，合起来即是"正大中国"，这是谢易初对孩子们未来的期望，也在用这种方式对孩子们进行爱国主义教育。他认为一个人无论走到何处，无论成就有多大，都要心怀祖国、回报祖国。在他言传身教影响下，孩子们都有着博大的胸怀和火热的

爱国之心。谢氏家族的爱国情怀使他们更加关注祖国和大中华文化圈的发展。在祖国改革开放之处，他们就率先以回报祖国的感恩心态积极参与经济建设，祖国的快速发展也成就了更为辉煌的正大集团。

"有大格局，方能成大事业。"谢易初和他的谢氏家族以及正大集团能取得如此骄人的成绩，和其热爱学习、脚踏实地、奋力拼搏、团结和睦、热爱祖国的优良家风密不可分。

第十一章

培养孩子高财商的9个性格细节

人们常说,性格决定命运。这"命运"中,当然也包括一个人如何对待财富、拥有财富的多少等。所以,孩子的个性品质也是影响他未来创造财富的重要因素。那么,孩子拥有什么样的性格,才有助于他在将来的财富道路上走得更加顺畅呢?

第十一章　培养孩子高财商的9个性格细节

 **细节92：诚信是孩子重要的无形资产**

12岁的男孩继文，从小生活在比较优越的家庭环境里，家里人都很疼他，时常会无条件地满足他的各种需求，平时给他的零花钱也不少。但继文每次都很快用完自己的零花钱，之后就再问爸妈要。渐渐地，爸妈觉得继文花钱有些大手大脚，就决定控制他每月的零花钱金额，不再无节制地给他钱。

可是，"上有政策下有对策"，没过多久，继文就想到了从爸妈那里拿到零花钱的"好"办法，就是骗他们说学校要收资料费、试卷费等，这样他就又得到了不少额外的零用钱。不仅如此，有时爸妈不在家，继文还会将此手段用在爷爷奶奶身上。爷爷奶奶一直"惯"着他，对他的要求自然是无所不应。

然而，几个月后的一天，妈妈遇到继文的班主任，在聊天的过程中，她无意中发现，原来学校根本没收那么多资料费。妈妈这才知道继文是在说谎骗家长，她很生气，决定回去后好好管教继文。

那天，妈妈回家后详细"审问"了继文，并告诉他如果不说实话，就不再给他零花钱，他这才怯怯地说出了之前骗家长的事。于是，妈妈缩减了给继文的零花钱。

可没想到，一个多月后，有同学竟然跑到继文家里，向他的爸妈告状，说继文借了他的钱一直不还，一点都不讲信用，而且最近居然要赖说自己已经还过了。这下，爸妈更加生气了，在证实同学所言不假后，他们决定要想尽办法培养继文的诚信品质，他们知道，若不如此，将来儿子很可能误入歧途。

对任何一个孩子来说，诚信都是其必须具备的优秀品质。人与人之间的交往需要诚信，一个没有诚信的孩子很难拥有好人缘。良好的人际关系是一个人赚取财富、获得成功的重要基础，没有人愿意与虚伪、言而无信的人合作，尤其当孩子走上未来的财富道路后，诚信对于其理财能力更为重要。

从银行信贷到个人之间的借贷、个人与企业间的交易等，诚信无一不是个人所拥有的、能保证这些活动顺利进行的无形资产，它能带给人们的益处要远远大于从欺骗和谎言中得来的收益。所以，从长远的理财目标和人生目标来看，家长从小培

养孩子的诚信品质是十分必要的，具体方法可参考以下几种：

1. 家长必须诚实守信，要给孩子树立好的榜样

有位母亲经常这样警告自己的孩子：如果再说谎，我就用针把你的嘴缝起来。后来有人问这位母亲："万一孩子下次又撒谎，你不可能真的缝住他的嘴吧？"

作为父母，当然不可能真的缝上孩子的嘴。那么，家长用这种方式警告孩子的结果是，孩子再次说谎后发现父母并没有做到言行一致。于是，模仿能力很强的孩子便会模仿父母的行为，在今后的生活中也表现得言行不一，不履行自己的承诺。

因此，平时生活中，家长首先应做到诚实守信，不对孩子撒谎，答应孩子的事要尽力去做好。比如，家长答应了周末带孩子去看电影，就一定要按时去，若临时有事，应考虑清楚这件事是否真的比履行对孩子的诺言还重要。如果事情确实很重要，家长应及时向孩子说明情况，并另找时间陪孩子，尽量弥补他。

2. 让孩子自己从实践中体验诚信做人的快乐

自孩子懂事起，家长就应经常通过讲故事等趣味化的方式，让孩子明白诚信对自己人生的重要意义，而不是在孩子长大犯错、说谎之后才对其大加斥责。

除此之外，家长还应让孩子多体会自己与他人进行诚信交往的好处，让他明白如果自己能诚实守信，就会在别人心目中留下好的印象，以后再与对方交往就会顺畅很多。比如，当孩子说话算话，履行了自己的某项承诺后，家长可适当给予其表扬和奖励，正面强化他的诚信行为。

3. 时刻督促孩子履行自己的承诺

平时生活中，家长不仅要告诉孩子诚信的重要性，还要经常督促他重视承诺，哪怕只涉及生活中的一些细节琐事。比如，孩子说好吃过饭后要洗碗，却在吃完后借口推脱，这时家长应严格要求孩子，让他说话算话，并告诉他不履行承诺的后果。

另外，孩子平时也会遇到借别人钱的情况，这是对其诚信品质的一个考验，也是家长培养其在金钱问题上信守承诺的好时机。对此，家长要督促孩子按时还钱，若孩子做到了，家长要给予其适当的鼓励和表扬，若没有做到，就应对他进行恰当的批评教育，或对其小惩大诫，让他明白不守信将会给自己带来严重后果。

细节93：勤劳才能真正致富

小敏是个聪明伶俐的女孩，从小就深受家长和老师的喜爱。在学习方面，小敏一直很自觉，也很勤奋，所以从小学到高中，她总是能考入重点学校。平时生活中，小敏也很能吃苦，学习任务繁重的她每天不仅能认真做完许多功课，还想办法挤出很多时间做家务。

小敏的勤劳是从爸爸妈妈那里学来的，他们都是工厂里的普通职工，每天除正常工作8小时外，还经常在晚上加班，目的是多赚些钱让小敏有更好的学习条件。小敏懂事之后，爸爸妈妈也经常告诉她，勤劳是一个人必备的品质，只有自己够勤劳，才能获得比别人更多的收益，包括物质和精神方面的财富。

渐渐地，小敏受到爸爸妈妈的影响，在学习的过程中越来越用功。没过多久，她便发现爸爸妈妈的话果然没错，因为她的学习成绩有了很大提高，老师们纷纷夸她勤奋、上进。

后来，小敏上了高中，学习成绩始终比较优异。没到周末或放假的时候，她还抢着帮爸爸妈妈做些力所能及的家务活。高一结束后的那个暑假，她住在姑姑家。当时，姑姑在帮一家商铺加工手工艺品，还常常将待加工的材料拿回家制作。做完功课的小敏渐渐对其产生了兴趣，于是姑姑告诉她，要是有兴趣就跟她学着加工这些东西，每做好一件成品，她都会给小敏相应的手工费。

就这样，小敏每天都认真地加工手工艺品，到假期结束时已做好了不少成品。姑姑从商铺老板那里拿到报酬后，立即把属于小敏的那份给了她。小敏拿到钱后高兴极了，她觉得这是自己通过辛勤劳动赚来的第一笔钱，所以非常有意义。小敏的爸爸妈妈得知此事后，也很欣慰，他们为这样勤劳又乖巧的女儿感到自豪。

勤奋、吃苦耐劳，自古以来就是中华民族的传统美德，而在孩子成长的道路上，勤劳肯干不仅是他积累财富的重要途径，更是他拥有成功人生的必备品质。

人们常常将"勤劳致富"挂在嘴边，但并不是每一个人都将其落到了实处。在追求财富的过程中，有不少人期待着不劳而获。可古往今来的许多事实都表明，只有乐于劳动、不断付出的人，才能真正获得属于自己的财富，才能拥有更加成功的人生。

可见，家长从小培养孩子勤劳的品质，也就是在帮助孩子获取未来成功的重要砝码。

那么，家长该怎样培养孩子的勤劳品质呢？方法如下：

1. 避免包办代替，"舍得"让孩子劳动

现代家庭中的孩子多为独生子女，家长往往会因此而过度关心、迁就他，凡事包办代替，很少让他做家务或其他劳动。久而久之，孩子就会变得懒惰，遇到任何事都想着依赖家长，而不是自己动手去解决。

从孩子的成长发育过程来看，小时候他其实是喜欢做事、愿意劳动的。比如，孩子刚开始学走路时不想让大人抱，喜欢自己不停地练习；刚学会洗衣做饭的时候很勤快，总是亲自动手做这些事，做完后会很有成就感等等。

因此，在孩子成长的过程中，家长应抓住机会，在他有较强烈的劳动欲望之时鼓励他继续勤奋努力，要舍得让他在劳动中锻炼。当然，家长要让孩子做他力所能及的事情，而不是故意为难他，否则就会打击孩子的自信心，让他对劳动产生抵触情绪。

2. 让孩子承担懒惰带给自己的不良后果

很多时候，孩子缺乏的不是劳动的能力，而是坚持劳动的毅力，他们往往会因缺乏恒心或受到其他事物的诱惑半途而废。这种情况下，家长可以运用自然结果法，就是让孩子自己承担相应的不良后果，以警示他今后应该更加勤劳，否则自己还将品尝更多苦果。

举个例子来说，家长若想让孩子养成自己洗衣服的习惯，那么，某次孩子没有洗衣服，家长就不用理会，让他穿着脏衣服出门。时间长了，孩子自己忍受不了继续穿脏衣服就会主动去洗。在此过程中，家长不能责骂孩子或强迫他去洗衣服，也不能一时心软帮他洗。否则，孩子要么对家长的强制性要求产生反感，今后愈加憎恶劳动，要么对家长产生依赖性，事事都等着别人帮他完成。

3. 试着让孩子打工，给他自食其力的机会

在培养孩子勤劳品质方面，家长们或许可以借鉴美国家庭的教育方式。

美国教育界流行着这样一句话：要花钱，自己挣。许多美国家长，不管家里的经济状况如何，都会在孩子12岁以后，鼓励他外出打工，通过自己的劳动赚取零花钱。当然，他们让孩子们做的事并不是很难，劳动强度也不太大，一般都是帮别人送报纸、打扫庭院等活动。尽管如此，这样的劳动也十分有利于培养孩子自谋生路的能力，会让他们明白一个人要赚取财富就必须付出相应的劳动。

细节94：自信——让孩子坦然面对财富成败

10岁女孩小璐的家境不太好，爸爸曾在一次工作中受伤，之后就不能再出去工作，家里的重担全落到了妈妈一个人身上。小璐的妈妈虽有稳定的工作，但工资不算太高，整个家庭的经济压力很大。在很多人看来，生活在这样一个家庭中的小璐，很可能会变得自卑，无法自信、快乐地生活下去。可恰恰相反，在爸爸妈妈的耐心教育下，小璐不仅拥有自信、乐观的好心态，还经常给予周围其他人积极的鼓励和支持。

不久前，小璐准备参加省教育厅举办的小学生演讲比赛。由于比赛要经过海选、预赛、决赛等多个环节，所以赛时比较长，参赛者需多次去省会比赛，需要的花费也不少。起初，小璐有过放弃的打算，因为她不想增加家里的经济负担，不想让妈妈太过劳累。可妈妈得知此事后劝她道："这对你来说是一个很好的机会，可以锻炼你的胆识，提高你的演讲能力，妈妈认为你值得参加。"

"可是，这次要花不少钱，万一我没有进入决赛，那岂不是浪费了那些钱。"小璐推说道。

"孩子，你一向都很自信，妈妈希望这次你仍然充满信心地应对比赛。你想想，假如没有赢得比赛，我们只会失去一点小钱，但却可以开阔视野、得到锻炼；要是不去参加，那你就彻底失去了成功的机会，根本不可能获得任何收益。"妈妈拉住小璐的手，耐心地说。

小璐想了想，觉得妈妈说的有道理，于是点了点头说："妈妈，我懂了，不管怎么样，我都应该像以前那样自信。从今天开始，我要多多训练，争取赢得演讲比赛，这样我还能获得一些奖学金，妈妈以后工作就能轻松一点了。"

听了这话，妈妈欣慰地笑了。之后，小璐就开始更加刻苦地学习，还充分利用课余时间进行演讲训练。最后，她果真成为了演讲比赛优胜者，获得了不少奖励。

自信是孩子健康成长的重要基础，也是他创造财富的基石。对孩子来说，足够的自信能激励着他勇敢迈出人生的许多个"第一步"，让他的各种才能得以充分施展，其中就包括挣钱的能力。

所以，为了让孩子在今后的人生路上积极地做财富追逐者，家长就应及早让他对金钱有正确的认识和自信的态度，无论何时都要让他相信通过诚信积累自己可以赢得更多财富。事实上，许多出身贫寒、白手起家的人最后能拥有万贯家财，就是因为他们对自己的赚钱能力有足够的自信心，他们在任何情形下都不会产生自卑情绪。

当然，孩子自信与自卑心理的产生都与其周围人的言行举止有关，尤其是家长对他的要求和评价。所以，培养孩子的自信心，家长首先要从自身做起给孩子树立好的榜样，还要让他能够积极乐观地看待自己的各种境遇，并有信心快速走出困境。除此之外，家长还应从以下方面注意培养孩子的自信心：

1. 肯定孩子的点滴进步，用赏识提升其信心

孩子成长的过程中，每天都在发生各种各样的变化，而家长要做的就是善于观察、发现他身上那些积极的变化并及时给予表扬和鼓励，让孩子感受到自己是受人尊重和赏识的。如此一来，孩子不仅能变得更加自信，而且能对自己有更清楚地认识和了解，在今后的学习和生活中，他便会继续努力，一步步去完善自己。

平时生活中，家长要及时肯定孩子点点滴滴的进步，要经常找一些真实的理由夸孩子。

比如，孩子勤俭节约，经常积攒零花钱补贴家用或在理财方面表现出其他一些良好品质时，家长就要及时表扬他，并让他体验到自己勤俭节约的好处，如用孩子省下来的零用钱给他买更好的学习用品，或带他去游乐场好好玩一天等等。

需注意的是，家长对孩子的表扬、赏识一定要实事求是，不能夸大其词，否则很容易让孩子变得骄傲自大、盲目自信。

2. 教孩子及早开始积累财富

家长可以从身边的一些小事入手尽早教孩子学会积累，如让他把身边的一些零钱收集起来并放进储蓄罐中，或让他学会通过卖家里的废旧纸箱、塑料瓶等赚钱。

另外，家长应时常鼓励孩子长期坚持这些积累行为，而不是"三天打鱼两天晒网"，要让他体验到财富积累的快乐。这样，孩子在今后的财富道路上才会越来越自信。

细节95：培养孩子的"双赢"意识

关于"双赢"理念，曾有研究者做过这样一个简单的实验：

研究者让参与实验的一群小学生两两结合为一组，每一组的成员都要在A和B之间做选择，但两人不能互相商量，只能按自己的意愿悄悄将选项写在答题板上。并且，选择A还是B，有一定的规则——若小组两名成员都选A，则每人各得10分；若一人选A，一人选B，那么选A的人要被扣掉15分，选B者则得到15分；若小组中的两名成员都选B，则两人都被扣掉5分。

实验开始两分钟后，大多数学生都还没有动笔，每个人都在犹豫不决，都在猜测组内另一名成员会选什么。但其中有两组学生很快就在答题板上写下了自己的答案，待研究者喊"时间到"时，他们亮题板的速度是最快的，而且答案很一致，都选择了A。至于其他几组学生，每一组的答案要么都是B，要么一个选A一个选B。

于是，研究者笑着走到那两组都选了A的学生跟前说："恭喜你们，如果今后要找人合作，我肯定会找你们。你们的双赢意识，也必定会给自己带来更多好处。"

在做选择的时候，所有学生都不清楚对方会选什么，这时如果自己选择A，就有可能失去15分。但最先写下答案的那两组学生，他们并非只考虑自己的利益，而是希望对方也选A，这样两人就能共赢。

通过这样一个简单的实验，研究者证明了一个十分重要的理念：拥有双赢意识，愿意与人合作，你达成自己愿望的可能性会更大。

在充满竞争的现代社会，人人都会追求自身利益的最大化。在此过程中，有些人意识到竞争与合作都是达成目标的重要手段，于是会通过良性竞争与协同合作获得双赢的结果；可有些人单纯为了自身利益与别人争胜，甚至恶意排斥他人，结果往往让自己承受了重大损失。

所以，成功者的道路千千万，但有一条是他们共同走过的，即通过合作获得互利双赢的结果。那么，孩子成长的过程中，家长若想让他取得更多成就，就应该从小培养他的"双赢"意识，让他学会与他人合作并共同进步。具体方法，家长可参考以下两种：

培养孩子高财商的100个细节

1. 让孩子适当体验一个人无法完成任务的挫败感

生活中有很多事是需要两个或两个以上的人合作才能完成的，孩子一个人根本无法做到。有些孩子往往不清楚自己的能力有多大，甚至有些骄傲自大，认为凭自己一个人的力量一定能将事情办好，而根本不需要找人合作或帮忙。这种情况下，家长可以让孩子适当体验一个人无法做好某件事的挫败感，从而学会与他人合作共赢。

举例来说，假如一个孩子正在游乐场的玩抓公仔机，他很想抓到里面的各种小公仔玩具，但努力了很久却没有任何收获。这时，家长可以主动提出要与孩子合作，但要求孩子将抓到的玩具分给自己一些。如果孩子愿意，那么在与家长一起抓公仔的过程中，他便能体会到合作共赢的快乐。但若孩子不愿意，家长就可以让他继续独自"作战"，体验一下一个人无法成功的挫败感。之后，孩子或许就会懂得与人合作的重要性，并在今后的生活中试着与他人合作，并努力获得双赢的结果。

2. 鼓励孩子和小朋友们交换自己拥有的好东西

小男孩乐乐最近总是粘着邻居家的小弟弟鑫鑫，爸妈觉得很奇怪，就问他为什么特别喜欢去鑫鑫家，这才知道，原来乐乐看上了鑫鑫的一辆玩具赛车，知道自己一个月之内不能再要求爸妈买玩具，于是就想从鑫鑫那里借回来自己玩。可是，鑫鑫说什么都不肯，也不愿别人动他的玩具，乐乐只好天天缠着他。

知道事情原委后，妈妈告诉乐乐："鑫鑫不愿意把小赛车借给你，可能是因为借给你之后，他自己就没有玩具可玩了。所以，妈妈建议你拿自己的玩具去跟他交换。我记得鑫鑫以前很喜欢你的一架小遥控飞机，你用这个去换他的赛车，我想他会同意的。"

"可是，遥控飞机我也很喜欢，我不想失去它呀。"乐乐说。

"不用担心，我的意思是你们可以换着玩一段时间，之后再换回原本属于自己的玩具。这样对你们俩都有利，谁也不会吃亏，也不会亏欠对方，你觉得呢？"妈妈继续补充道。

乐乐想了想，决定采纳妈妈的意见。果然，当他拿着遥控飞机去鑫鑫家时，鑫鑫立马露出笑脸，并同意和他换着玩玩具。

小孩子都很单纯，只要别人对他好，他也同样愿意与对方交好。所以，家长应善于利用这一点，鼓励孩子和小伙伴们交换使用自己的好东西。渐渐地，孩子不仅会变得慷慨大方，也会懂得通过合作、交换等手段达到互利共赢。

第十一章　培养孩子高财商的9个性格细节

 **细节96：懂得变通，让孩子能发现财富新路子**

元末明初时有一个叫沈万三的人，他靠做生意拥有了万贯家财，最后富甲天下。他之所以在生意场上取得如此成就，不仅是因为他有着自己独特的经营之道，还因为他懂得变通，善于变换角度去思考和处理问题。

一次，沈万三去街上买水果，水果原价是四文钱一斤，他却问小商贩："十文钱三斤可以吗？"小商贩答应了。沈万三一想，既然十文钱三斤可以，说明商贩想尽快卖掉剩下为数不多的水果，那么一斤三文钱应该也可以。于是，他再次和小商贩讲价。

小商贩果然急着卖完剩下的水果，他说："好吧好吧，我也想赶快卖完了，也好回家伺候老人去。"于是，沈万三用一斤三文钱的价格买下了剩余的水果，这并不是说他吝啬，而是体现了他的生财之道，即通过变换角度让自己少花些钱。

在前进的道路上，懂得变通的人能适时发现真正适合自己的发展轨迹，也能在遇到危机时及时运用新的思路和方法，以尽快走出困境。

世界巨富比尔·盖茨，他所拥有的微软公司每日进账数以千万计，他的财富与地位令所有人艳羡不已。然而，在事业发展的巅峰时期，他改变了方向，选择退居二线去研发新产品。他这样做，一是因为清楚公司的进一步发展有赖于新产品的研发和提高产品质量，二是因为他不想看到自己迷失于名利之中，他要给自己一个改变的机会，期望在产品研发领域获得新的成功。

可见，无论何时，人们要想在某件事、某项事业上取得更大成就，就应学会变通，对孩子而言也是如此。随着孩子年龄的增长，他所接触的人和事都会发生变化，比如他需要靠智慧和双手去创造财富，而不是继续靠家长养着他。这时，如果孩子总是固持己见，做事一根筋，一点都不懂得变通，那就很难建立起对自身有利的人际关系网，也很难用灵活的思维、创新的方式去解决自己面临的种种危机。

所以，为保证孩子在未来的人生道路上能适时找到属于自己的财富新路子，家长就应从小教孩子学会变通，要引导他经常转变思路，为自己开启新的成功之门。至于如何教孩子学会变通，家长可选用以下方法：

1. 变通，从生活中的点滴小事开始

6岁的女孩小易性格比较固执，有时做事一根筋，不懂得变通。一次，妈妈为了训练她的独立自主能力，便鼓励她独自去小区便利店买包洗衣粉。

小易来到便利店，告诉店主她想买包洗衣粉，店主就带她到摆放洗衣粉的货架前挑选。可小易仔细打量了大半天后，竟一句话不说地往门口走。店主叫住她问为什么又不买了，她说她要买红色袋子的洗衣粉，而这些都不是。

于是，没找到"红色"洗衣粉的小易无功而返，还告诉妈妈便利店里没有洗衣粉。妈妈惊奇道："怎么会呢，昨天我还看到那家店的货架上有很多洗衣粉，不可能一天就卖完吧？"

"真的，妈妈，那家店里根本就没有我们家用的'红色'洗衣粉。"小易很肯定地说。

妈妈这才明白，原来小易是看到家里常用红色包装袋的洗衣粉，所以就执着于购买这一种。

弄清楚状况后，妈妈告诉小易："宝贝，洗衣粉有很多牌子，每个牌子的包装袋可能不一样，但里面的洗衣粉大多是一样的，我们用哪一种都能把衣服洗干净。所以，找不到'红色'洗衣粉时，买那些蓝色、绿色袋子的也可以。这样改变一下，我们或许会从中发现质量更好的洗衣粉呢。"

"哦，这样啊！那我现在再去买。"说完，小易又高高兴兴地出门了。

家长要教孩子学会变通，其实并不难，只要鼓励孩子多体验生活中的各种细节琐事，并在此过程中积极引导他作出改变，他就能学会总结经验并在今后的生活中试着去变通。

2. 注意锻炼孩子的发散性思维

为避免孩子死守陈旧观念，时常转变思路去解决问题，家长应及早锻炼他的发散性思维，引导他从多个角度看问题，用创新意识来推动事情的进展。

例如，家长可经常陪孩子一起做智力测试题，玩脑筋急转弯游戏；做功课的过程中，在孩子完成基本的学习任务后，家长可鼓励、帮助他研究一道题的多种解答方法，或引导他将一件事用不同的语言、文法写出来。

第十一章　培养孩子高财商的9个性格细节

细节97：教育孩子不过分看重金钱

有这样一个家庭，父亲是某商贸公司的普通员工，每月的薪水不算太多，但他仍然要拿一部分钱接济老家那些没有工作的兄弟姐妹。对此，儿子很不理解，还常常抱怨说："为什么爸爸总要拿自己家的钱帮助别人，怎么不把这些钱给我？"

于是，母亲便告诉他："孩子，一个人有骨气、有爱心，就等于拥有了一大笔财富。而且生活中还有许多东西是比钱更重要的，像安全、幸福等，这些都是拿钱买不到的。所以，你没必要这么看重金钱。"

孩子似懂非懂地点点头。几个星期后的一天，父亲下班回家后告诉母亲："今天公司的小李买彩票中了五十万元的大奖，因为这注彩票是我帮他选的，他说要把奖金分给我一半，但我拒绝了。老婆，你会支持我的，对吧？"

"当然了，虽然彩票是你帮忙选的，但终究还是不属于我们。"母亲平心静气地说。

这话被刚刚放学回来的儿子听到了，他立马大声质问父母："为什么我们不能要，这是人家主动给的啊，难道我们接受了就是不道德的吗？"

"过来，孩子。"母亲温柔地说，"你记得我曾经跟你说过，生活中还有很多比金钱更重要的事吗？别人买彩票中奖，想分给我们一半，这是人家慷慨、讲义气，但我们不能在金钱面前迷失了自己，把原本并不属于我们的东西据为己有，否则会招人厌恶的，你明白吗？"

儿子认真想了想，觉得母亲说的有道理，于是也微笑着说："哦，我明白了。如果让我在'10元零花钱'和'与好朋友一起开心玩乐'之间做选择，我也选后者，您说好吗？"

"好，好，乖孩子，你这样想就对了。"母亲欣慰地笑道。

之后不久，同事就决定尊重这位父亲的选择，不再谈分一半奖金的事，而是请他们一家在比较高档的酒店吃了顿饭，以表达谢意。这顿饭，这位父亲和他的妻子、儿子都吃得很开心，这一天也在他们心中留下了美好的印象。从那以后，儿子也渐渐变得豁达起来，开始用更加积极的心态与人分享快乐，不再把金钱当作最重

要的财富了。

金钱不代表一切，我们不能过分看重它而忽视自己已经拥有的其他财富。金钱可以用来购买许多商品，但买不到情感、快乐等各种精神层面的东西，买不到一个人发自内心的富足感、幸福感。

很多家财万贯的富翁随过着奢华的生活却时常觉得自己很穷，穷得只剩下钱；相反，有些家庭贫困的人虽然生活条件艰苦，但他们过得充实，内心不会空虚寂寞。

所以，作为家长，在孩子成长的过程中，除了要尽力为他提供好的生活条件，还应对其进行正确的金钱教育，以避免其过分看重金钱，具体方法可参考以下几种：

1. 时常提醒孩子不能用金钱衡量一切

孩子在接触金钱之初，往往将其看得很重，有时会给身边的每一件事物"标价"，认为任何东西都可以用钱来度量。这时，家长不妨告诉孩子，很多东西是用钱买不到换不来的，比如"你是爸妈的心肝宝贝，拿多少钱我们都不换"。

美国成功学大师拿破仑·希尔，曾在他的《思考致富》一书中总结了人生的12条财富，最后一条才是金钱，前面的是大无畏的精神、积极的心态、与人分享快乐等，他认为这些精神层面的东西才是人生真正的财富。

所以，家长在教育孩子的过程中，有时可以为了一些更珍贵的东西而放弃金钱，让孩子更直接地体会到"金钱并不是人生最重要的东西"。比如，爸爸可以告诉孩子，如果周末去工作，他能挣更多的钱，但爸爸爱孩子，所以要陪孩子去游乐场玩。这样，孩子的假期会因有爸爸参与而更快乐，他会感受到一家人在一起时的幸福比金钱珍贵得多。

2. 鼓励孩子捐款助人

生活中，家长应经常鼓励孩子通过捐款、捐物等帮助别人，让孩子获得精神上的满足。渐渐地，孩子就会感受到帮助他人的快乐，也会更加心甘情愿拿自己的零花钱去做更多有意义的事。这样，孩子就能更加重视各种精神财富，而不会过分看重金钱。

第十一章 培养孩子高财商的9个性格细节

 细节98：节俭，让孩子合理控制消费

小男孩奇奇家的经济条件比较好，家里人也总是"惯"着他，平时为他提供十分充足的物质条件。渐渐地，奇奇开始变得大手大脚，花钱几乎没有节制，而且很浪费。

每次吃饭，不管是在家里还是在外面的餐厅里，奇奇总是会先将喜欢的食物夹一大碗，大多数时候他都没有吃完自己碗里的东西，还会趁家人不注意将剩菜剩饭倒进垃圾桶里，因为他不想下一餐吃剩饭。

后来，奶奶从老家来到奇奇家照顾他，可一进门，就发现家里到处是奇奇扔的玩具和零食。奶奶原以为是奇奇调皮，喜欢乱扔东西，于是就去帮他整理起来，还把他吃剩下的零食都放回冰箱里。结果，奇奇看到非但没有感谢奶奶，反而抱怨道："这些都不要了，奶奶你又放冰箱里干什么？"

奶奶惊奇地问："为什么不要了？这些零食都没过期啊，打开包装的那些也是能存放较长时间的。"

"反正就是不要了，我才不管能不能存放呢。这些都是我吃剩下的，就得扔了。"奇奇理直气壮地说。

看到奇奇这样浪费，奶奶心中特别不是滋味。后来的日子里，奶奶每次看到奇奇浪费钱、食物或其他东西都很心疼。于是，她便想尽自己所能帮奇奇改掉这个坏习惯。

节俭是一种美德，更是一种良好的财富观念，但凡在创造财富的过程中获得较大成功者，无不将节俭作为自己财富计划中最重要的内容之一。

在物质极其丰富的现代社会，节俭对每一个人来说都十分重要。一个有很强赚钱能力的人如果学不会节俭，总是无节制地花钱，那么即使拥有金山银山，他最终也有可能将其挥霍一空。

俗话说，成由节俭败由奢，可如今的许多孩子不懂得节俭，时常乱花钱、随便浪费，至于做到合理消费，这对他们来说真是个大难题。所以，家长培养孩子节俭的品质，让他们树立正确的理财观，这已是迫在眉睫的事情了。否则，家长若长期放任孩子的浪费行为，就很可能使他在未来独立生活时陷入严重经济困境。

那么，家长到底该如何教孩子学会节俭呢？

1. 尽早让孩子体验"当家"的难处

孩子小时候往往会因不懂得节俭的意义，不清楚该如何正确地使用金钱及其他物品而随意浪费。针对这种情况，家长应尽早教孩子学会用钱，学会合理使用身边的其他生活用品等。

一般来说，从孩子上小学低年级开始，家长就应教他买东西，让他清楚该如何用钱，如何选购物有所值的商品，还要教他保管财物的方法，以防丢失、被盗等。

另外，人们常说"不当家难知柴米油盐贵"，这句话对孩子也适用。平时生活中，为了让孩子懂得节俭的重要性，同时培养其良好的消费习惯、生活习惯等，家长可以试着让孩子"当家"，让他自己体验当家理财的难处。

比如，在孩子学会用钱后，家长可以每隔一段时间让孩子主持家庭事务，让他对某一天或某一星期家里的收支状况做预算，并亲自记账、盘点财物等。这样，孩子不仅能慢慢体会到节俭对于家庭生活的重要意义，而且能从中学到一些好的理财方法。

2. 鼓励孩子进行储蓄，积少成多

节俭不分大小多少，哪怕一滴水、一分钱，也不应该被浪费，不能对其采取舍弃的态度。现实情况却是很多孩子都对一些细小的东西看不上眼，认为浪费这样一小部分财物并不会带来过于严重的后果。对此，家长切不可轻视怠慢，不能让孩子养成浪费的坏习惯。

为了让孩子学会节俭，家长可鼓励他在平时生活中进行储蓄，并在他的储蓄额有所增加后及时给予奖励，以强化他的储蓄行为。渐渐地，孩子为了继续增加储蓄额并获得奖励，就会从自己的零花钱出节省出一部分不必要的开支。在储蓄的过程中，孩子也能体会到花钱容易攒钱难，之后便会更加珍惜自己拥有的每一笔财富。

细节99：培养生活自理、经济独立的孩子

上小学三年级的小蕊是个漂亮又聪明伶俐的女孩，深得爸妈的宠爱，她却没有一点独立自主的能力，事事都要依靠家长。

在生活上，小蕊几乎没有任何自理能力，只能像小公主一样被爸妈伺候着。一天早晨，妈妈送小蕊去上学，一边走一边亲切地说："宝贝儿，今天中午妈妈要值班，不能来接你了，你就在学校吃饭吧。午饭我已经给你装包里了，你一定要吃哦！"

可这时，原本心不在焉地听妈妈说话的小蕊，却大声喊叫起来："哎呀！妈妈。你没给我戴校徽啊，今天老师要检查的，没戴的人不让进教室。都是你，快去给我拿校徽，我要迟到了！"

妈妈不想让小蕊受老师的责罚，只好无奈地叹口气，然后叮嘱小蕊先往学校门口走，自己则打车回家取校徽。但坐在车上时，妈妈也一直在想，小蕊到底何时才能独立呢？

此外，在经济上，小蕊也迟迟没有独立意识，不懂得理财的重要性。平时，小蕊想要买零食、毛绒玩具及其他各种新奇商品，就会随时向爸妈要钱。而每次爸妈给了她零花钱，她总是一次性花光，根本没有计划着用钱的意识。

后来，爸爸觉得小蕊这样花钱的方式很不好，于是就决定每个月固定给她100元的零花钱，无论她何时用完，都不再增加。

值得庆幸的是，爸爸采用的这种方式对培养小蕊的经济独立性产生了一些积极作用。

当他将100元钱拿给小蕊时，小蕊惊讶道："哇，这么多钱，都给我了吗？"

"是的，这是给你的零花钱，不过你不能乱花，要精打细算着用，否则几天用完了，这个月我就不会再给你零用钱了。"爸爸叮嘱道。

在爸爸限额限时地给小蕊零用钱后，小蕊果然慢慢开始自己管理这些钱，花钱时也没有以前那样随意了。不过，小蕊在生活上不能独立的事，依然让爸妈十分头疼，他们还不知道到底该如何培养女儿的生活自理能力。

缺乏独立能力是孩子成长中的"大忌"。试想,一个凡事都依赖别人的孩子,将来如何能独自应对生活中的种种困难与挫折呢?

所以,家长应让孩子从小学会依靠自己,因为他们即使再有能耐,也不可能永远代替孩子走路。在培养孩子独立性方面,让孩子树立正确的金钱观,训练他有计划地用钱,在经济上也独立起来,这同样是家长的责任。具体而言,家长可采用以下方法培养孩子的独立性:

1. 尽早教孩子做家务活

有些家长认为,孩子最重要的任务是学习,至于家务活及其他劳动项目,家长都愿意自己承担;还有些家长认为孩子稚嫩、劳动能力差,承受不了干体力活的苦累,所以不愿让他们参与劳动。

实际上,大多数孩子从小就对劳动充满了热情,甚至觉得劳动和游戏一样有趣。所以,孩子渐渐长大后,很多家务活并不是他们不愿做,而是家长不让做。久而久之,很少接触各种生活琐事的孩子,其独立自主的能力就会越来越差。

因此,要培养孩子的独立性,家长应尽早让他学会做家务,还要帮助孩子对需要做的事进行统筹安排,从而有条不紊地做好每一件事。例如,在要求孩子外出购物时,家长可以告诉孩子先到某个市场买某种菜,再到哪个肉铺买哪种肉,回来时顺便到某个水果超市买哪一种水果等。

2. 引导孩子规划自己的零花钱,正确消费

孩子小时候并没有自己赚钱的能力和机会,所以,要培养他的经济独立意识,家长应从"零花钱"入手,对其进行恰当的消费教育。

很多家长在孩子六七岁时就开始给他零花钱,但大多数家长都是不定期给的,即孩子什么时候要就什么时候给。这种方式是不科学的,容易养成孩子花钱大手大脚、随意性强的不良习惯。要避免这种情况,家长最好定期限额给孩子零用钱,如上述故事中小蕊的爸爸那样,每月给女儿100元的零用钱,让她在一个月内自由支配这些钱。

另外,在给孩子零用钱时,家长要引导他做比较详细的支出规划。比如,家长可以让孩子做个规划表,上面列清楚自己想将这笔零用钱花到哪些方面,分几次用完等,并教他一些少花钱多办事的好方法,如怎样买物美价廉的打折商品、怎样选择更省钱的交通工具等。

第十一章 培养孩子高财商的9个性格细节

 **细节100：让孩子明白时间就是金钱**

聪明活泼的小男孩丁丁已上小学二年级了，家长和老师们都很喜欢他。可是，丁丁从小就有个坏毛病，那就是时间观念差，尤其在独立完成某事时效率比较低，常常不能合理安排自己的时间。

一个周末，丁丁的爸妈都有事要外出，临走前嘱咐丁丁要听奶奶的话，还要尽快写完作业再玩。当时，丁丁乖乖点头答应了，还将小手搭在胸前保证道："爸爸妈妈请放心，我保证乖乖在家写作业，不给奶奶惹麻烦。"

的确，爸妈走后，丁丁和奶奶吃完早餐之后就老老实实拿出作业本。可刚写几个字，有同学就来找他玩，还说一会儿就陪他一起写作业。丁丁想，反正时间还早，就算玩一早上，还有下午和晚上的时间可以写作业，于是就和同学高高兴兴地玩闹起来。

很快就到吃中午饭的时间了，由于早上玩得尽兴，丁丁觉得又饿又累。吃过午饭后，他便睡了一会儿，醒来后打算做功课，却发现电视上正在播他最喜看的那部动画片，于是就又开始看电视。同学来找他讨论作业中的问题，结果却被他拉着一块儿看动画片，而且一看就是一下午。

一不留神，天就黑下来了。吃过晚饭后，丁丁的爸爸妈妈都回来了，看丁丁还没有写作业，就生气地责罚了他。丁丁并没有将这次的责罚放在心上，此事过后，他仍然和以前一样没有较强的时间观念，做事不分轻重缓急。

良好的时间观念对孩子的健康成长起着重要作用，它可以帮孩子养成健康、规律的生活习惯，可以提高他学习的效率，还有助于孩子形成自信、乐观的精神。

现实生活中，并不是所有孩子都具备较强的时间观念，很多孩子要么觉得时间过得很慢，要么认为时间是取之不尽用之不竭的。因此，他们并没有将时间当做自己最宝贵的财富。

然而，许许多多成功者的经验表明时间就是金钱，一个人只有珍惜时间并合理利用每一分每一秒，才能真正利用起时间的价值，也才能创造更多财富，获得更大的成功。

所以，为了让孩子提高时间的利用率，让他为将来的成功之路奠定坚实的基础，家长应从小教孩子树立正确的时间观念，让他明白时间就是金钱，浪费时间就是在拿自己的未来开玩笑，具体做法如下：

1. 善用小闹钟，让孩子在限定的时间内做好每件事

孩子都有贪玩的天性且自控能力比较差，做事缺乏耐心，往往会在做某一件事的过程中"开小差"，如跑出去玩或看电视、打游戏等。

对此，家长可以有效利用家里的小闹钟，给孩子限定完成某一件事可用的时间，比如要花多少时间做完几道算术题、画好一幅画等。这样，孩子就会产生一定的紧迫感，进而抓紧时间认真地去做这件事。

不仅如此，家长还可以帮孩子规划好每一天要做的所有事情，然后依次安排孩子可利用的时间，并让他自己定闹钟，每次闹钟响时该做什么，都要让他心中有数。若孩子在限定的时间内很好地完成了某件事，家长应及时予以表扬或奖励，给他继续努力的信心和动力。

2. 让孩子把握好每天的黄金时间

教孩子合理安排时间，还包括教他有效利用每一天的黄金时间。专家研究表明，一天中有四个时间段是孩子的高效记忆时间：早晨6点到7点，适合记忆一些新的概念及其他新的内容；上午8点到10点，适合记忆基础理论知识；下午7点到9点，是综合性知识的高效记忆时间；晚上10点到11点，对精确性高、容易出错的知识，孩子更容易记住。

3. 用具体的数据或事件来表示时间

很多时候，年龄较小的孩子对时间没有特别清楚的概念，比如家长对两三岁的孩子说"六点钟我们去阿姨家吃饭"，他可能无法理解。这时，家长可以用具体、形象的事物向孩子做出解释，如用"太阳出来的时候"表示"早晨"，"太阳落山"表示"傍晚"等。

孩子长大一些后，家长就可以用一些具体的数据向他说明每一分每一秒都是十分珍贵的。比如，家长可以告诉孩子："你今天花了半天的时间打游戏，如果妈妈也和你一样，那可要少挣100块钱呢。100块钱可是你一个月的零花钱哦！"这样，孩子或许就能更直观地认识到——时间就是金钱。